우리 아이 ABC 첫 영어

어떻게 시작하지?

01

아무리 배워도 배운 게 아닌 영어 공교육의 현실

02

우리 아이가 영어를 제대로, 쉽게 배울 수 있는 방법

03

즐거움은 영어교육의 기본 재료

1. 영어 즐겁게 즐기는 첫 번째 방법 - 스토리에 빠져들자

2. 영어 즐겁게 즐기는 두 번째 방법 - 음악으로 느끼자

3. 영어 즐겁게 즐기는 세 번째 방법 - 몸으로 따라하자

4. 영어 즐겁게 즐기는 네 번째 방법 - 엄마 아빠와 함께 놀자

04

아이의 성격과 인성까지 책임지는 올바른 영어교육

아무리 배워도
배운 게 아닌
영어 공교육의 현실

Chapter 1

1. 우리가 믿고 있던 영어 공교육의 배신

2. 영어 공교육, 뭐가 문제일까?

우리가 믿고 있던 영어 공교육의 배신

많은 사람들이 영어는 평생 숙제라고 말합니다. 아직도 이 숙제를 풀어낸 사람보다 못 푼 사람이 더 많습니다. 왜일까요? 풀기 싫어서가 아니라, 푸는 방법을 몰랐던 건 아닐까요? 초등학교부터 고등학교까지의 시간만 계산해보아도 우리는 10년이 넘도록 영어를 꾸준히 공부했습니다.

어떤 언어도 마스터할 수 있을 10년이라는 긴 시간을 써 놓고도 왜 많은 사람들이 외국인 앞에서 안절부절하고, 영어 원서 읽기를 어려워할까요? 영어 시험 점수가 높았던 학생이 영어 말하기에 자신이 있는 것도 아닙니다. 조심스럽지만, 그 이유의 일부분을 공교육에서 찾을 수 있습니다.

우리가 받아온 영어 공교육은 30년 전이나 지금이나 크게 달라지지 않았습니다. 대표적으로, 영어 공교육 수업에서 가장 큰 비중을 차지하는 부분이 여전히 '문법'이라는 점이 그렇습니다.

많은 사람들이 영어로 말하기가 어려운 이유로 '말하기 전에 머릿속으로 해보는 문법 체크'를 꼽습니다. 내가 하는 말이 문법에 맞는지, 혹시 말이 안 되는 문장은 아닌지 따져보느라 말문이 가로막히곤 합니다. 마치 문법이 영어 실력의 척도인 것처럼 정석 영어에만 열심히 집중한 결과 '절대 틀리면 안되는 영어'에 집착하게 된 것 같습니다. 그러나 실제로 외국에 나가보면 간단한 문법 오류 때문에 소통이 안 되는 경우는 거의 없습니다. 더군다나 외국인 또한 종종 문법 실수를 하곤 합니다. 결국, 우리는 우선순위가 아닌 부분에 너무 많은 에너지를 쏟고 있는 것이죠.

이러한 문법 위주 수업은 자연스럽게 독해 위주의 수업으로 이어집니다. 직접 말해 볼 기회가 적은 이러한 영어 수업방식은 부모 세대의 영어 공교육과 크게 다르지 않습니다. 학년이 올라갈수록 아이에게 영어 수업은 지루해집니다. 영어를 '말하고 싶은 흥미로운 언어'로 받아들이기 어려워집니다.

왜 쉽게 바뀌지 않을까요?

우리가 믿고 있던 영어 공교육의 배신

1 소통보다는 시험을 위한 영어 공부

시험은 학습한 내용을 평가하는 수단입니다. 우리나라에서 보편적으로 진행되는 시험 방식은 학년이 올라갈수록 정답을 찾아 맞추는 객관식 문제로 이뤄집니다. 결국 아이들은 시험지 위에 낸 문제를 빠르고 효율적으로 푸는 방법을 배우는 상황으로 내몰리게 됩니다.

2 영어 교육의 불균형

시험 성적이 좋으면 영어를 잘하는 걸까요? 꼭 그렇다고 말할 수는 없습니다. 영어 학습에는 듣기, 말하기, 쓰기, 읽기와 함께 문법까지 포함되어 있습니다. 그러니 문법과 독해 위주로 문제를 낸 시험에서 좋은 성적을 받았다면, 문법과 독해를 잘하는 것이죠. 듣기와 말하기는 시험에서 차지하는 비중이 적으니 시험을 잘 본다고 해서 영어를 잘한다고 말할 수는 없습니다.

3 달라지지 않은 교육방식

영어는 언어입니다. 듣고 대답하며 말이 오가야 하는 수업 현장이지만, 조용한 분위기 속에 학생들은 자신의 책상에 앉아 책과 칠판을 보며 영어 공부를 합니다. 학년이 올라갈수록 더욱 그렇습니다. 언어 수업이 암기 과목과 다를 바 없는 것이죠. 교육방식이 바뀌지 않는다면 학생들은 영어를 지루한 학문으로 느낄 수밖에 없는 환경 속에 있게 됩니다.

지금 영어를 배워나갈 우리 아이에게만큼은 영어를
평생 숙제로 남겨주고 싶지 않습니다. 그러기 위해서는
부모님께서 공교육의 문제를 냉철하게 바라보고,
'시험용 영어'가 아닌 '실제로 외국인과 커뮤니케이션 할 수
있는 영어'를 가르치기 위해서 어떻게 도와줘야 할지,
우리 아이 영어 교육의 방향성을 고민해야 합니다.
이 책에 부모님의 고민을 해결할 수 있는 여러 방법을
담았습니다. 책을 다 읽고 덮었을 때 우리 아이 영어 교육
로드맵이 쉽게 그려지길 바랍니다.

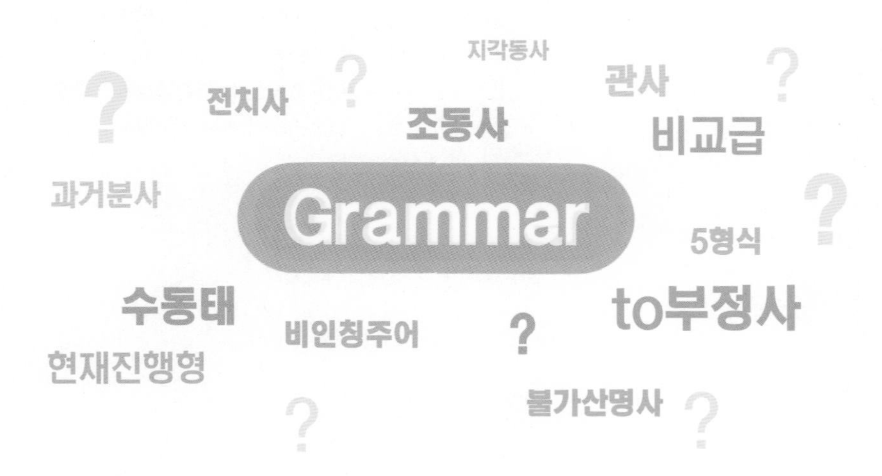

영어 공교육,
뭐가 문제일까?

01 언제 벗어날 수 있을까? 한국식 영어

언어는 문화를 반영합니다. 언어를 배우려면 철저히 그 나라 사람들의 생각, 문화를 이해하고 그 관점에서 배워야 합니다. 하지만 현재의 한국 영어 교육은 처음부터 영어를 한국식으로 해석해 가르치고 있어 커뮤니케이션의 큰 문제를 만들고 있습니다.

주어, 동사, 현재진행형 등의 어려운 한자어로 영어 문법 공부를 접하고, 영어 문장을 해석할 때는 한국어를 거쳐서 영어를 해석하는 과정으로 독해를 가르칩니다. 이렇게 영어를 한국어로 배우기 때문에 불필요한 과정 하나가 늘어나 학생 입장에서는 영어 자체가 복잡하게 다가옵니다.

영어를 가르칠 때 영어가 아닌 모국어로 영어를 가르치는 나라는 한국과 프랑스를 포함해 전 세계에 몇 개국뿐입니다. 이런 교육 방식은 결국 외국인과의 소통의 문제를 가져오는데, 이를 여실히 볼 수 있는 예가 하나 있습니다.

미국에서 어학연수 중인 한 청년이 금융 업무를 위해
은행에 들어갑니다. 창구 직원이 청년에게 말합니다.

"What brings you here?"

청년은 빠르게 해석을 해봅니다. '목적어 what, 동사 brings, 주어 you,
부사 here... 당신은 여기에 무엇을 가지고 왔나요? 라는 뜻이네.
근데 여기서 왜 이런 질문을 하지?' 청년이 난감한 표정을 짓자,
은행 직원이 청년에게 이렇게 다시 묻습니다.

"May I help you?"

그제야 청년은 편안한 마음으로 용건을 말하기 시작합니다.

영어 공교육, 뭐가 문제일까?

'What brings you here?'은 **'여기에 무슨 일로 오셨어요?'**라는 뜻으로 'May I help you?'와 비슷한 의미이고, 'Why are you here?'보다는 정중한 표현입니다. 청년은 왜 이 표현을 이해할 수 없었을까요?

사람을 중심으로 언어를 구사하는 한국식 언어 사고방식과 정서 그대로 영어를 배워서입니다.

영어를 배우고 영어를 이해할 땐, 영어라는 언어가 지닌 정서, 영어를 구사하는 국가들이 갖고 있는 보편적 정서와 문화를 먼저 이해해야 합니다. 하지만 우리나라 공교육에선 그 부분이 생략되어 있습니다.

그렇기 때문에 청년은 사람을 중심으로 언어를 구사하는 한국식 영어로 영어를 받아들였고 'You'를 주어로 생각한 것입니다.
실제로 한국 학생들에게 주어를 찾으라고 하면 대부분 사람을 지칭합니다. 하지만 영어에서는 사람도, 사물도 주어가 됩니다.
그렇기 때문에 영어권 사람들에게 이 문장은, **주어 what, 동사 brings, 목적어 you, 부사 here**이고, **'무엇이 당신을 여기로 데려왔나요?'**라는 뜻이 됩니다. 즉, **'무슨 일로 여기에 왔나요?'**라는 표현이죠.

발음도 마찬가지입니다. 우리나라에서는 영어 발음을 가르칠 때 영어 고유의 발음으로 이해시키는 게 아니라, 한국어와 비슷한 발음을 찾아가며 영어 발음을 가르칩니다. 체계화된 영어 발음 교수법인 '파닉스(Phonics)' 과정이 많이 보편화되긴 했지만 아직도 남아있는 발음 공부 방법입니다.

영어라는 목적을 위해 한국어라는 수단을 활용하고, 영어라는 전혀 다른 언어 체계, 언어 사고를 이해하기 위해 한국어 사고에서 출발해 영어에 접근하는 현실입니다. 이런 이유로 아이는 영어라는 언어를 있는 그대로 받아들일 수 없게 되고 당연히 '영어에 대한 감'도 갖기 어렵습니다.

물론, 영어가 모국어가 아니라서 영어적 사고와 문화적, 정서적 이해에 어려움이 생기는 건 당연한 과정입니다. 하지만 영어를 있는 그대로 받아들이게 하는 교육을 한다면 그 간극을 줄일 수 있습니다.

영어 공교육, 뭐가 문제일까?

또 하나의 사례가 있습니다. 한 의류 브랜드의 유튜브 채널에서 우리나라 아이가 외국인 아이를 처음 만났을 때의 반응을 살피는 콘텐츠를 만들었습니다. 한국인 남자아이와 외국인 여자아이가 마주 보고 있습니다. 서로의 이름을 알게 된 후, 한국인 아이가 이렇게 묻습니다.

"How old are you?"

외국인 아이가 웃으며 이렇게 대답합니다.

한국인 아이는 당황합니다. 몇 살이냐는 물음에 '좋아'라는 답이 온 것이니까요. 외국에서는 첫 만남에 나이를 묻지 않습니다. 하지만, 한국 아이가 받은 교육에서 **'How old are you?'**는 가장 기본적이고 중요하며, 누군가를 만나면 꼭 물어야 하는 상징적인 질문이었을 겁니다.

반대로 외국인 어린이에게 **'How old are you?'**는 첫 만남에서는 상상하기 어려운 질문이라서 당연히 발음이 비슷하게 들리는 **'How are you?'**라는 질문으로 들렸나 봅니다.

우리도 알다시피 대부분의 교재에서 **'How old are you?'**는 첫 만남에서 공식처럼 물어보는 질문으로 묘사됩니다. 실제로 첫 만남에서 나이부터 묻는 나라는 흔치 않고, 오히려 무례한 행동으로 보일 수 있는 게 현실입니다. 글로벌 시대에 아이들은 한국에만 머물러있지 않을 겁니다. 영어 교육 현장에서 업에 대한 책임감을 느끼고 변화를 시도해야 하는 이유입니다.

영어 공교육,
뭐가 문제일까?

02 영어, 모국어처럼 습득하기

영어, 왜 어려울까요? 당연히 모국어가 아니기 때문이겠죠. 누구에게나 가장 쉽고 익숙한 언어는 모국어일 테니까요.
한국 사람에게는 모국어인 한국어가, 영어권 국가 사람에게는 모국어인 영어가 가장 쉬운 언어입니다. 모국어가 쉬운 이유는, 공부해서 익힌 게 아니라 해당 언어 환경에 노출되고, 그 언어를 자연스럽게 느끼고 습득했기 때문입니다.

언어학자 노암 촘스키(Noam Chomsky)의 언어습득장치(Language Acquisition Device) 이론에 따르면 13세 이전의 아이들은 충분한 언어 노출만 되면 별다른 노력을 기울이지 않아도 언어를 습득할 수 있다고 합니다. 영어가 모국어처럼 쉬우려면 모국어처럼 습득하면 됩니다.

우리가 모국어를 익히는 과정을 생각해볼까요? 처음엔 엄청난 양의 단어에 노출됩니다. 언어 노출 시기에 아이는 언어를 이해하기 보다, 어떤 단어가 무엇을 뜻한건지 반복 노출을 통해 익힙니다. 다음으로 옹알이가 시작되면 자주 듣고, 익혔던 단어를 우연히 말하게 됩니다. 언어 노출과 말하기가 반복되면서 24개월 이후 언어가 폭발하는 시기를 갖게 되고 말하기 실력이 크게 향상되어 갑니다. 영어를 전혀 모르는 아이도 이처럼 단어를 많이 노출해주고, 하나 둘 말을 하다보면 영어 말하기 실력이 점차 향상될 수 있습니다.

이때 모국어를 배우는 과정과 마찬가지로, 아이의 인성에 좋은 영향을 줄 수 있는 영어에 노출하는 것입니다.

아이가 배우는 영어에 인성, 도덕성, 정서가 담겨있으면 아이는 그 말을 듣고, 내뱉으면서 인성과 도덕성, 따뜻한 마음을 가지게 됩니다. 아이에게 영어로 "감사합니다", "미안합니다"와 같이 타인에 대한 예의를 갖출 때 꼭 필요한 단어를 노출시켜주면, 아이는 자연스럽게 영어뿐만 아니라 좋은 인성까지 갖추게 됩니다.

아이가 영어교재에 단골로 등장하는 **"I am a boy.", "I am a girl."**을 열 번 말하는 것보다, **"Thank you my friend.", "Sorry.", "Are you ok? Kitty?"**를 말하는 것이 좋은 사람으로 성장해나가는 바탕이 되고, 인성과 좋은 정서를 갖는 바탕이 됩니다.

영어 공교육,
뭐가 문제일까?

03 영어 시험이
영어 말문을 열어줄까?

교육에 있어 빠지지 않는 과정 하나가 '시험'입니다.
학습 과정을 통해 교과 내용을 온전히 자신의 것으로
소화했는지 알기 위해 학생들은 시험을 봅니다.
이처럼 시험은 교육을 위한 시험이어야 하는데, 시험을
위한 교육으로 바뀌어버린 지 오래입니다.

시험이 목적이 되다보니 교육 현장은 언제나
'조바심'이라는 문제를 안고 갑니다. 시험으로 입시를
해결하고, 입시의 줄을 세우다보니 선생님도 학생들도
학부모들도 "틀리면 안 돼", "뒤처지면 안 돼"라는
조바심과 압박감이 만연해 있을 수밖에 없습니다.

선생님은 수업 중에 "이거 시험에 낼 거야"라는 멘트로
집중을 유도하고, 영어 교육의 목표는 오직 중간고사,
기말고사, 모의고사, 수학능력시험을 향해 달려갑니다.
시험으로 아이들의 영어 수준을 확인하고, 수준 별로
반을 나눈 후 다시 시험용 영어를 가르칩니다.
평생 쓸 일이 거의 없을 태양계와 우주에 대한 영어
단어를 배우고, 내용을 해석합니다. 선생님도 학생도
압니다. 시험 때만 필요한 영어라는 것을요.

같은 시각, 다른 나라에서는 영어를 배울 때 우리 삶과 생존에 필요한
영어 단어를 배우고 있다는 건 까맣게 모르는 채로요. 문제 하나를
맞고 틀리는게 대학 입학의 문을 여닫는 현실이기에 한국에서 성장하고
경쟁해야 하는 아이들에게 입시는 중요한 목표일 수밖에 없고,
입시를 고려한 영어 공부를 해야 하는 게 현실입니다.
하지만 그런 이유로 끝까지 영어 말문을 못 열고 영어 공부가
끝난다면 정말 억울하지 않을까요?

영어 공교육은 이 시대의 요구를 충분히 충족해주지 못하고 있습니다.
이런 상황에서 어떻게 하면 아이들이 영어를 잘 하게 되고,
영어를 좋아하게 만들어줄 수 있을까요? 아이들이 영어 공교육을
접하기 전, 영어와의 첫 만남부터 영어에 대한 호기심을 불러일으켜
영어에 대한 마음의 문을 열어주고, 친해지고 싶게 만드는 과정이
반드시 필요합니다. 사람들과 즐겁게 소통하고 나를 표현하는
또 하나의 즐거운 수단으로 말이죠.

**이제 우리 아이와 영어의 첫 만남,
어떻게 만들어 줘야 할지 알아볼까요?**

우리 아이가 영어를 제대로, 쉽게 배울 수 있는 방법

Chapter 2

1. 우리 아이 영어, 언제 시작하지?

2. 영어, 시기보다는 첫 만남이 중요

01 아이 일상에 영어를 자연스럽게 스며들게 하는 방법

① 생활 속 발화 유도

② 성장 맥락에 맞춘 발화 유도

③ 감정 이입에 의한 발화 유도

3. 제대로 만든 영어 교재 찾기

01 영어 교육을 망치는 나쁜 교재들

02 좋은 영어 교재의 필수 조건

① 아이의 성장맥락과 생활 반경에 발맞춰가는 영어 교재

- 집 안에서 매일 일어나는 아이의 하루
- 집 주변에서 아이가 만나는 세상
- 집 주변을 넘어 더 넓은 세계로

우리 아이 영어, 언제 시작하지?

아이의 영어 교육을 위해, 부모님이 제일 먼저 하는 일은
'아이가 영어를 접하는 시기'를 결정하는 일입니다.
부모님들의 생각은 모두 달라서 언제 영어를
시작해야 할지에 대한 의견은 분분합니다.

"언제 어떻게 영어를 처음 접하는 게 좋을까요?"
라는 질문은 부모님이 영어 교육을 먼저 경험한
육아 선배에게 가장 많이 하는 질문 중 하나이고,
자주 등장하는 대화 주제입니다.

사실 시기를 결정하는 건 정말 조심스럽습니다. 많은 연구자가 오랜 시간을 들여 영어 교육 시작의 '결정적 시기'에 대한 다양한 가설과 검증을 발표하고 있는데, 논문마다 결론이 다릅니다. 정답이 없다는 뜻입니다. 그 중에 한 가지 유명한 견해가 있습니다. 세계적인 아동발달학자 글렌 도만 (Glenn Doman) 박사는 **"아이가 0세에 가까울수록 놀라운 언어적 능력이 있으며 뇌 발달 과정에 근거했을 때 0세에서 5세 사이에 언어를 가르치면 무려 5개 국어를 습득할 수 있다"**고 합니다. 말하는 기능을 담당하는 뇌의 브로카 영역이 생후 12개월 이후에 발달을 시작해 3~6세에 급격하게 발달하기 때문입니다.

발달학 측면만 보았을 땐 납득이 가지만, 정말 모든 아이가 5세가 되기 전에 새로운 언어를 쉽고 간단하게 흡수할 수 있는 걸까요? 발달학이 아닌 아동 심리학 논문을 읽어보면 또 다른 견해가 등장합니다. 아이가 너무 이른 시기에 새로운 언어를 접하면 스트레스를 많이 받게 되어 다양한 문제가 생길 수 있는 단점이 있다고 합니다. 결국 학문적 견해를 떠나 부모님이 독자적인 영어 교육 방향성이나 원칙을 스스로 세워보시는 것이 가장 좋습니다.

우리 아이 영어, 언제 시작하지?

영어를 처음 접하는 시기보다 중요한 건
'아이가 영어라는 언어를 처음 만났을 때 어떤 느낌으로
받아들이게 하느냐'입니다. 잉글리시에그가 처음
아이들을 위한 영어교육 방법론을 개발하고 교재를
만들었을 때 가장 중요하게 생각했던 것 중 하나도
'아이가 억지스럽게 영어를 배우게 하지 않겠다'는
것이었습니다.

어색하고 부자연스러운 영어 교육은 효과가
없을 뿐만 아니라 영어를 싫어하게 만드니까요.

전 세계에서 영어라는 언어를 쓰는 인구는 15억 명 정도 됩니다.
이 중에서 원어민은 약 5억 명, 나머지는 제2, 3, 4 언어로 영어를
사용하는 인구입니다. 영어가 자국어가 아닌데도 이 많은 사람은 왜
영어를 배웠을까요? 여러 가지 이유가 있겠지만, 각각 다른 언어와
문화를 가진 사람들이 만나 소통해야 할 때, 가장 보편적으로
사용해 온 공용어가 영어이기 때문입니다. 결국 영어를 공부하는
이유는 단순히 한 가지 언어를 더 알기 위한 것이 아니라,
영어로 **커뮤니케이션**하기 위해서입니다.

'커뮤니케이션'이 영어를 배우는 목적이라면 우리는 영어의
첫 만남부터 다시 생각해 볼 필요가 있습니다.
지금까지는 소통을 위한 영어보다 학습 관점에서 영어를 시작하는
아이가 더 많았기 때문입니다. 자국어가 아니기에 따로
공부해야 한다는 인식이 당연하지만, 아이가 영어를 쉽고 친근하게
받아들이려면 공부나 학습의 느낌을 완전하게 없애주어야 합니다.

많은 분이 이미 느끼고 있는 것처럼, 우리 아이가 자라 성인이 되었을
때는 영어를 할 줄 모르는 것은 마치 구구단을 못 외우는 것만큼이나
이상하게 느껴지는 시대가 될 것입니다. 소통을 위한 영어도 잘해야
하고, 시험을 위한 영어도 잘 해야 하는 상황에 있습니다. 언젠가는
공부로서의 영어, 입시를 위한 영어를 해야겠지만 첫걸음부터 영어가
공부일 필요는 전혀 없겠죠.

영어, 시기보다는 자연스러운 첫 만남이 중요

아이가 영어를 좋아하고 평생 영어를 즐겁게 느끼려면
아이에게 영어는 첫 만남부터 '놀이'나 '친구'처럼
호감 있는 언어로 다가와야 합니다.

어떻게 하면 될까요?

대부분의 아이는 매일 '놀이'를 하며 지냅니다.
아이에게는 '놀이'가 하루 일과의 전부나 다름없죠.
이 시간 안에 억지로 공부로써의 영어를 집어넣기보다는
놀이의 일부 또는 아이 일상의 일부에 영어가
자연스럽게 스며들게 해야 합니다.

잉글리시에그는 오래전 '자연주의 영어'라는 말을 만들어 쓸 정도로
영어가 일상 속에서 자연스럽게 받아들여지고 스며들어야 한다는
주장을 해왔습니다. 영어도 한국어를 배우는 것처럼 자연스러워야
합니다. 그렇게 될 때, 한국어를 싫어하는 아이가 없듯 영어를 싫어하는
아이도 없을 것입니다. 한국어를 배울 때 모두 경험하셨듯이
언어는 무의식적으로 배웁니다. 우리가 한국어를 배울 때 지식을
쌓는 것처럼 배우거나, 문법부터 배우지 않았던 것처럼 영어 또한
자연스럽게 배울 수 있습니다.

어릴 때부터 영어를 듣고 보는 것이 익숙하고 즐겁고 편안하다면
아이는 영어를 자연스럽게 받아들이고 오래도록 좋아할 수 있습니다.
더 나아가 영어에 대한 호기심까지 심어준다면 아이는 영어를
100% 이해하지 못해도 직관적으로 영어를 느낄 수 있고,
말할 수 있게 됩니다. 영어를 느낀다는 건 이렇게 생각해보면 쉽습니다.
우리가 잘못 쓰인 한국말 문장을 보면 문법적 오류를 뚜렷하게
잡아내지는 못해도, 어딘가 이상하다는 건 바로 알아차릴 수 있습니다.
한국말을 느끼기 때문에 가능한 일입니다.

이렇게 아이도 영어를 느낀다면 잘못 쓰인 영어 문장을
곧바로 판단할 수 있게 됩니다.

**잉글리시에그는 교재 개발을 할 때 아이들이 영어를
직관적으로 느낄 수 있도록 한국어 관점을 완전히 배제합니다.
교재에 번역 영어를 절대 쓰지 않으며, 아이들이 한국식 사고를
거치지 않고 바로 영어를 자연스럽게 이해할 수 있도록 고려하여
만듭니다. 그렇다면 좋은 교재와 함께 부모님이 어떻게 해줘야
아이가 영어를 '자연스럽게 느끼고 말할 수 있게' 될까요?**

영어, 시기보다는 자연스러운 첫 만남이 중요

01 아이 일상에 영어를 자연스럽게 스며들게 하는 방법

① 생활 속 발화 유도

아이가 처음으로 "배고파"라는 말을 했다면 어떨까요? 신기하고 놀라울 것입니다. 언제 배웠지? 생각해보게 되기도 하고요. 이렇게 자연스러운 생활 속 발화가 영어로도 될 수 있게 도와줘야 합니다.

그러려면 영어도 우리말처럼, 자연스럽게 일상에서 습득할 수 있게 해주면 됩니다. 부모님이 평소에 아이가 흔히 쓸 만한 말들을 조금씩 들려주시면 좋습니다. **"배고파 Hungry", "졸려 Sleepy"**. 이렇게요. 긴 문장도 어려운 문장도 필요 없습니다. 가장 쉽고 실용적인 단어 하나씩이면 됩니다.

이때, 교재를 활용하고 싶다면 교재의 내용이 이렇게 **'일상적인 단어'**를 잘 담아냈는지 체크해보는 게 좋습니다.

② 성장 맥락에 맞춘 발화 유도

아이의 영어 발화를 도와줄 때 중요하게 고려해야 할 점이 있습니다.
바로 아이의 성장 맥락에 맞게 영어를 알려주어야 합니다.
아이가 아직 엄마나 아빠라는 단어도 말한 적이 없는데, **"Hungry"**, **"Sleepy"**를 영어로 가르치면 아이는 혼란스럽겠죠. 아이는 성장하면서 관심사가 변합니다. 성장하면서 아이가 보고 겪게 되는 상황들이 많아지면서 관심이 생기는 것도, 표현하고 싶은 것도 달라집니다.

한 아이는 집 안에서 놀던 기차에 꽂혀서 기차를 가지고 노는 것을 좋아했어요. 아이가 조금 더 커서 해외여행을 다녀온 뒤로는 비행기와 세계 지도로 관심사가 달라졌다고 합니다. 성장하면서 달라지는 아이의 관심사를 알아채는 것은 영어 교육에서도 중요합니다.
아이가 자신의 욕구를 충족시키며 자연스럽게 영어를 습득할 수 있는 절호의 기회이기 때문입니다. 어른들은 지루한 내용이라도 꼭 배워야 하는 이유가 있다면 집중해서 배우지만, 아이는 다릅니다.
본인이 관심없어 하는 내용에는 단 1분도 집중하지 않습니다.
아이가 관심 갖는 것들이 많아지는 시기를 잘 활용하여 관심사에 맞춘 영어 교재나 영상을 보여주세요.

또한, 성장시기에 따라 아이가 표현하고 싶은 단어를 많이 가르쳐 주는 것도 매우 중요합니다. 예를 들면, 좋고 싫음을 구분해 말하게 되는 시기에는 **"I like"**, **"I don't like"**를, 자신이 원하는 것을 명확히 인지하는 시기에는 **"I want"**, **"I don't want"**와 같은 표현을 알려주는 거죠. 이렇게 성장맥락에 맞춰 습득해나간 말속에 아이가 스스로 표현하고 싶은 감정이 담겨 있다면 아이는 자연스럽게 그 단어를 쓰고 싶어지게 되고, 말하게 됩니다.

영어, 시기보다는 자연스러운 첫 만남이 중요

③ 감정 이입에 의한 발화 유도

말은 감정을 담고 있습니다. 기쁠 때 하는 말, 슬플 때 하는 말, 좋을 때 하는 말, 미울 때 하는 말은 감정에 따라 내용도 다르고, 말투와 뉘앙스가 다 다릅니다. 똑같이 "잘 살아"라는 말이라 해도 결혼을 축하하는 자리에서 "잘 살아~"라고 말하는 것과, 연인이 헤어지며 "잘 살아"라고 말하는 것의 감정은 다릅니다.

말은 곧 감정입니다. 말을 배울 때 그 말 속에 어떤 감정을 담을 수 있는지, 그 말로 어떤 감정을 표현할 수 있는지 배우지 못한다면 언어를 반만 습득하는 것과 다름없습니다. 때문에 아이가 언어를 배울 때 '감정이입'을 할 수 있게 해주는 것이 중요합니다.

아이는 몰랐던 단어를 처음 접할 땐, 그 단어를 말해주는 사람에게서 느껴지는 목소리 톤이나 표정, 악센트에 따라 그 단어의 속성을 느끼고 습득합니다. 단어를 외우기 전에 먼저 어떤 감정인지부터 느끼게 되는 것입니다. 자신이 어떤 감정일 때 그 단어를 쓸 수 있는지도 자연스럽게 알게 됩니다. 그렇기 때문에 아이에게 기쁨과 관련한 단어를 알려줄 땐 기쁠 때 나오는 표정과 기쁨이 느껴지는 목소리로, 슬픔과 관련한 단어를 알려줄 땐 슬플 때 나오는 표정과 톤을 단어에 실어서 들려주세요. 감정 이입을 유도하기 위해 조금 과장해도 좋습니다.

잉글리시에그 또한 교재를 녹음할 땐 최대한 감정을 풍부하게 담아 과장되게 표현하고 있습니다. 국내 최초로 브로드웨이에서 뮤지컬 배우들을 직접 캐스팅해 함께 녹음한 것도 이런 이유입니다.

아이가 단어마다 지니고 있는 감정 특성을 정확하게 느끼고, 이입하고 활용할 수 있게 하는 것이 목적이니까요.

영어, 시기보다는 자연스러운 첫 만남이 중요

잉글리시에그는 이와 같은 생활 속 발화,
성장 맥락 발화, 감정 이입 발화를 돕기 위한
콘텐츠를 STEP1, STEP2, STEP3 교재 속에
정교하게 담아냈습니다.

STEP 1

STEP1에서는 영유아기 성장발달과 일상생활을 고려하여 집 안에서 일어나는 이야기들로 구성을 했습니다. 1인칭 중심의 현재형 문장, 명령문, 의문문, 의성어, 의태어 등의 문형을 담았고 1,361개의 일상 단어를 넣었습니다.

STEP 2

STEP2에서는 아이들에게 익숙한 집보다 확장된 공간인 집 주변에서 일어나는 이야기들로 구성했습니다.
거리나 마트, 또는 레스토랑까지 보다 넓어진 무대에서 펼쳐지는 흥미진진한 이야기를 1인칭, 2인칭 문형과 1,983개 단어로 표현했습니다.

STEP 3

STEP3에서는 놀이동산, 바닷가로 여행을 갔을 때 등 확대된 공간에서 일어나는 이야기를 1인칭, 2인칭, 3인칭 문형과 일상을 담은 단어 2,835개로 표현했습니다.

또한 영어를 모국어로 하는 국가의 정서, 문화, 일상을 자연스럽게 느낄 수 있도록 미국 어린이 1천 명의 일상을 연구했고 추가로 한국 어린이의 일상도 연구했습니다. 그렇게 미국과 한국 어린이의 일상 속에 일치하는 부분들을 찾아 교재 스토리에 담아냈습니다. 예를 들면 **"이거 내 거야! It's Mine!"** 이라는 표현과 박스 놀이, 간지럼 태우기 등입니다.

놀랍게도 미국과 한국 아이들이 평소에 자주 하는 말이나 부모님께 자주 듣는 말, 좋아하는 놀이, 좋아하는 색깔 등 비슷한 점이 많았습니다. 비슷한 점으로는 공감대를 만들고, 다른 부분은 교재 스토리에 소개해 아이들이 원어민 문화를 이해하는 데 도움을 줄 수 있도록 했습니다.

제대로 만든 영어 교재 찾기

요즘은 대부분의 아이들이 아주 일찍 영어를 시작합니다. 마치 한글을 떼고, 구구단을 떼듯이, 알파벳과 같은 기본 영어를 떼고 초등학교에 입학하는 것이 암묵적인 약속이라도 된 듯합니다. 그래서 많은 아이들은 초등학교에 입학하기도 전에 영어 교재를 접합니다. 이때 접하는 영어교재의 역할이 매우 중요합니다.

아이에게 영어의 첫인상을 만들어주고, 앞으로 아이가 영어를 좋아하거나 싫어하게 되는 것까지 영향을 미치기 때문입니다.

시중에는 많은 영어 교재가 판매되고 있습니다. 그 많은 교재 중 어떤 교재가 가장 좋을지 결정하는 일은 너무 어렵습니다. 아이에게 처음으로 영어 교재를 사줄 때 부모님이 어떤 고민을 하는지 잘 알고 있습니다. 교재는 다 비슷비슷해 보이는데 가격은 너무 비싸죠. 비교를 해봐도 거기서 거기 같아서 '그냥 잘 만든 것처럼 보이는 책'을 삽니다. 아니면 주변 추천이나 후기를 따라 구입하거나, 브랜드 하나만 믿고 구매하기도 합니다. 이렇게 심사숙고해서 책을 구입하고 나면, 이제 배턴은 아이에게 넘어갑니다. '비싼 책 사줬으니까 아이가 교재를 열심히 보다 보면 영어를 잘하게 되겠지!'라는 생각과 함께요.

하지만 어떤 교재는 아이의 영어 교육을 망칩니다. 명성을 인정받고 있는 유아교육 브랜드 책들도 자세히 들여다보면 '상식적이지 않은 내용'을 많이 담고 있습니다. 부모님이 조금만 예민하게 보아도 쉽게 만든 책, 고민 없이 만든 책, 내용이 아니라 형식에만 공들인 책을 알 수 있습니다. 좋은 교재를 찾는 부모님의 안목이 매우 중요합니다.

어떤 교재가 좋은 교재일까요?
먼저, 꼭 피해야 할 나쁜 교재란 무엇인지부터 살펴보겠습니다.

제대로 만든 영어 교재 찾기

01 영어 교육을 망치는 나쁜 교재들

나쁜 교재의 대표적인 예는 교재를 보는 대상인
'아이를 고려하지 않은 교재'입니다.

예를 들면, 아이가 보는 교재인데 **'My mommy is a dog.'**라는 문장이 등장하는 것입니다. '우리 엄마는 개야.' 라는 뜻이죠. 아이는 교재를 보고 따라하면서 말을 배우는데, 아이가 일상에서 이런 말을 쓸 일이 있을까요? 쓴다고 해도 문제이지 않을까요?
깊이 생각해보지 않으면 그냥 넘어갈 수 있는 문제지만, 아이가 볼 책은 조금 더 사려 깊어야 하지 않을까요?

'I can walk.'도 마찬가지입니다.
일상에서 어떤 아이가 '저 걸을 수 있어요.'라고 말할까요? 아이가 길을 걸으면서 '저 걸을 수 있어요.'라는 말을 하지는 않죠. 이처럼 아이의 성장 발달 과정이나 아이가 내뱉고 싶은 말이 무엇인지 전혀 고려하지 않은 문장으로 영어 교재가 채워지고 있는 게 현실입니다.
'Who are you?'도 비슷한 예입니다.
아이가 일상에서 이런 말을 쓸까요?
스릴러 영화에서나 등장할 대사 아닐까요?

타사 영어 교재

여기 또 하나의 나쁜 교재가 있습니다. 영어 그림책이고, 비 오는 장면이 예쁘게 수채화로 그려져 있습니다. 정성을 다해 만든 책처럼 보입니다. 그런데 이상한 영어 문장 하나가 크게 쓰여 있습니다.
"How's the weather?" '지금 날씨 어때?' 라는 문장입니다.
어떤 점이 이상한지 아직 눈치채지 못 하셨나요? 그림과 글이 맞지 않게 구성되어 있습니다. 외출하기 전날도 아니고, 그림에서는 이미 아이가 밖에 나와 비 오는 걸 보고 있는데, 아이의 입에서는 날씨 어떠냐는 물음이 나오고 있습니다.

이런 교재가 만들어지는 이유가 뭘까요? 그저 "날씨가 어떤가요?"라는 문장을 영어로 가르치려는 목적에만 충실했기 때문일 것입니다. 아이들은 교재를 볼 때 상황과 표현 전체를 익힙니다. 그림에서 보이는 날씨, 색깔, 주인공의 표정 등을 보며 상황을 유추하고 영어 문장의 뜻을 자연스럽게 이해합니다.

그래서 영어 교재를 만드는 사람은 둔감해서는 안 되고, 아주 치밀해야 합니다. 아이의 세계로 들어가서 아이의 일상을 이해하고, 공감할 수 있는 이야기를 담아내야 합니다.

제대로 만든 영어 교재 찾기

마지막으로 한 가지 예를 더 들어보겠습니다.
거미가 한 아이에게 간지럼을 태우고 있습니다.
어떤가요? 곰곰이 생각해 보면 이상한 점이
보일 거예요. 거미가 사람을 간지럼 태울 일이 있을까요?
거미는 과연 사람을 간지럽힐 수 있을까요?
정말 말이 안 되는 상황입니다.
하지만, 영어 교재에 당당하게 그려져 있기에 아무도
의문을 품지 않습니다. 아이는 공감도 전혀 안 되는
상황으로 'Tickle'이라는 단어를 배우고,
실제로 이런 상황을 만날 일이 없으니 발화가 안 됩니다.
결국 아이에게 'Tickle'은 그저 교재에서 본
단어로만 남게 됩니다.

그 외에도 Wheat bread를 Brown bread로 잘못 표기하거나,
현재 진행형으로 써야 하는 부분에 현재형 문법을 쓴 잘못된 문장이
당당하게 쓰여지는 등 사려 깊지 않은 책이 너무 많습니다.
차라리 안 보는 게 나을 정도인 교재들을 보다 보면
'상식적으로 교재를 만드는 것이 그렇게 어려운 일일까?'라는
답답함이 생깁니다. 도대체 왜 그럴까요? 아이에게 가르쳐야 하는
영어의 수준 자체가 높지 않아서일까요? 아이가 볼 책이어서
쉽게 만들어도 된다고 생각한 걸까요?

당연히 지켜야 할 상식을 고려하지 않은 책이 너무 많습니다.
그런 책을 보면 적어도 잉글리시에그가 만드는 교재만큼은 상식을
지켜야 한다는 책임감이 더욱 강해지고, 국내외 영어교육 전문가들과
함께 좋은 교재에 대해 고민하고 연구하게 됩니다.

앞으로 교재를 선택할 때는 누가 어떤 생각과 철학을 갖고 얼마나
치밀하게 디렉팅해 만드는지 꼭 체크해보세요. 부모님이 어떤 교재를
선택하느냐에 따라 아이 영어 실력의 큰 차이를 만듭니다.

타사 영어 교재 vs 잉글리시에그 영어교재

제대로 만든 영어 교재 찾기

02 좋은 영어 교재의 필수 조건

그렇다면 좋은 영어 교재는 무엇일까요? 좋은 영어 교재는 굳이 해석하지 않아도 자연스럽게 이해할 수 있게 만들어진 교재입니다. 아이의 일상과 생각이 표현되어 있어 자연스럽게 공감을 이끌어내는 교재, 그림과 멜로디에서, 심지어 폰트를 통해서도 교재의 내용을 자연스럽게 유추할 수 있는 교재입니다.
아이들은 이렇게 잘 만들어진 교재를 보면서 영어를 잘 몰라도 영어라는 언어가 표현하고 있는 것들을 그대로 느낄 수 있습니다.

잉글리시에그는 좋은 영어 교재를 만들기 위해 노력하고 있습니다. 잉글리시에그가 생각한 좋은 영어 교재의 조건들에 대해 알아볼까요?

① 아이의 성장맥락과 생활 반경에 발맞춰가는 영어 교재

아이의 하루가 교재에 잘 담겨 있으면 공감대를 얻어내기 쉽습니다.
또한 아이의 성장발달에 따라 생활 반경이 달라지므로
집 안에서만 주로 생활하던 아이들이 점점 성장하면서 집 주변 또는
멀리 떨어진 곳으로 가보게 되기도 합니다.

그때마다 아이가 마주하게 되는 상황이 다르기 때문에 해야 하는 말도
하고 싶은 말도 달라집니다. 영유아기 때는 집 안에서, 3-4세 때는
집보다 확장된 집 주변에서 그 이후에는 집에서 멀리 떨어진 놀이동산,
동물원, 바닷가 등 확대된 공간을 경험하고 느끼게 되는 것처럼 교재도
이런 맥락을 고려하여 단계적으로 이어져야 합니다.

제대로 만든 영어 교재 찾기

집 안에서 매일 일어나는 아이의 하루

아침 시간

아이가 있는 집의 아침 풍경은 대부분 비슷합니다.
아침에 일어나서 양치를 하고, 침대에 누운 상태로 형제자매들과 장난부터 치거나, 어린이집이나 유치원에 가지 않겠다고 떼를 쓰기도 합니다.
그래서 우리는 이런 아이의 하루를 반영해 교재를 만듭니다. 아이가 교재를 보고 **'나의 아침 이야기네', '내가 아침마다 경험하는 상황이네', '내가 생각해본 적 있는 거네', '내가 말 하고 싶은 것, 내가 느낀 감정이 여기에 표현되어 있네'**라고 느껴야 그 영어가 아이의 것이 되기 때문입니다.

실제 잉글리시에그 교재를 살펴보죠.
<Yes, I can>에서는 아이가 24개월 전후로 **'내가 할래요, 내가 할 수 있어요!'**라고 말하고 싶어지는 시기에 자주 사용할 수 있는 문장이 나옵니다.
아이들이 옷을 갈아입을 때, 혼자 신발을 신고 싶을 때, 엘리베이터 버튼을 누르고 싶을 때 **"Yes, I can."**을 말할 수 있는 거죠.

형제자매가 있는 아이들이 <We are Twins>를 보며 서로 무엇이 닮았고 무엇이 다른지 비교하고 공감하는 재미를 느낄 수 있습니다. "We look the same. But we are different."를 반복하면서 서로 장난치다 보면 어느새 웃으며 영어로 놀고 있게 됩니다.

또한 형제, 자매, 쌍둥이라 해도 아침을 맞이하는 풍경은 다 다릅니다. 일어나기 싫어서 계속 누워 있는 아이도 있고, 일찍 일어나 부지런히 움직이고 노는 걸 더 좋아하는 아이도 있습니다. 당연하지만 타 교재들이 제대로 표현하지 못하는 디테일입니다.

<No! No! I Won't Go!>에는 아이들이 아침마다 어린이집이나 유치원에 가기 싫다고 떼쓰는 풍경이 담겨 있습니다. 하지만 그랬던 아이들도 막상 유치원에 가면 너무 재밌어서, 오후에는 오히려 집에 가기 싫다며 떼를 쓰기도 합니다. 그런 심리를 담아, 아이들이 쓸 만한 적절한 표현들을 담았습니다.

이처럼 아이의 시간을 따라, 아이들만의 공통적인 심리를 파악하고 그것을 적절히 표현할 수 있는 내용을 아이가 접하게 하는 것이 중요합니다. 자신이 표현하고 싶었던 것, 자신의 하루가 비슷하게 담겨있을 때 아이는 말하고 싶을 것이고, 영어를 친숙하게 느낄 테니까요.

제대로 만든 영어 교재 찾기

낮 시간

낮 시간도 들여다볼까요?
많은 아이를 관찰해보니, 아이들이 놀다가
엄마한테 자주 하는 말이 있습니다.
바로 **"Mommy, Look at me!"** 입니다.
아이가 "엄마 이거 보세요. 내가 만들었어요.",
"엄마 이거 보세요. 내가 이거 그렸어요.",
"엄마 이거 보세요. 내가 이거 정리했어요."라는 말을
하는 걸 많이 들어 보셨죠? 이렇게 아이가 자주 쓰는
말들을 관찰하고, 찾아내 영어 문장으로 말할 수 있도록
상황을 그려주고 스토리를 입히면 **"Look at me."**라는
문장은 어느새 아이의 말이 됩니다.

<Who's Tickling me?>도 마찬가지입니다. 아이들을 관찰해보니 가장 좋아하는 놀이 중 하나가 간지럼 태우기였습니다. 아이는 자신이 간지럼을 많이 타기 때문에 어른들도 간지럼을 탈 것이라 생각하고 부모님에게 간지럼 태우는 장난을 많이 합니다. 그럴 때 아이가 한국말로 **"어때요? 간지럽죠?"**라고 말하는 것도 좋지만, 영어 단어를 알고 있다면 자연스럽게 "Tickle, Tickle." 이라고 말 할 것입니다. 조금 더 응용을 할 수 있다면 **"Don't tickle. stop!", "I'm tickling daddy's foot."**이라고 말을 할 수도 있습니다.

하나 더 볼까요? 아이가 자주 하는 행동 중 하나가 엄마, 아빠 신발 신기입니다. 아빠를 돕겠다며 아빠 신발을 신고 나가거나 출근하는 척하거나, 굽이 있는 엄마 신발을 신고는 키가 커졌다며 만족해하는 모습은 익숙한 풍경입니다. 아마 부모님 중에서도 어릴 때 이런 행동을 해보신 분들이 많지 않을까요? 아이는 아마 **<Big Shoes, Small Shoes>**를 보며 자신의 이야기라고 느끼고, 실제로 신발을 신어보며 교재에 있는 표현을 따라해보게 될 것입니다.

마지막으로 **<Daddy, Please!>**에서는 아이들이 자전거를 배우는 장면이 등장합니다. 실제로 대부분의 사람들이 어린 시절에 자전거를 배웁니다. 넘어질까봐 무서워하면서도 계속해서 자전거 타기에 도전하는 장면, 자전거를 타면서 강아지에게도 인사하고 쥐를 쫓는 고양이를 만나는 장면은 아이에게 공감대를 일으켜 자연스럽게 생활 속 발화를 이끌어 줍니다.

제대로 만든 영어 교재 찾기

잠자기 전

마지막으로 잠자기 전의 시간에 대해서도 잠깐 이야기해볼까 합니다. **<I'm Not Sleepy>**는 아이들이 잠자기 전 가장 많이 하는 말 중 하나가 "자기 싫어요"를 공감하고 쓴 책입니다. 이 세상에 빨리 자겠다고 떼쓰는 아이는 없죠. 오히려 잠자기 싫다고 더 놀자고 떼쓰는 아이가 더 많습니다. 그럴 때 아이들이 **"I'm Not Sleepy."**라는 문장을 알게 되면, 매일 밤 쓰지 않을까요? 교재 속의 주인공을 자신이라고 생각하기도 하면서요.

<Dirty and Clean>도 마찬가지입니다. 씻기 싫어하는 아이들이 공감할만한 내용이죠. 대부분의 아이가 잠자기 전에 씻는 경우가 많으니 아이는 씻는 대신 <Dirty and Clean>을 보겠죠? 그러다 보면 자신도 깨끗해지고 싶은 마음에 스스로 씻고 싶어 할지도 모릅니다.

아이가 집 안에서 마주하게 될 다양한 상황과 표현이 담긴 영어를 집 안에서 24시간 노출해주는 것은 영어에 아이의 귀를 트이게 하고, 말문을 열게 해주는 데 큰 도움을 줍니다. 집 안에서는 그것만으로도 충분합니다.

제대로 만든 영어 교재 찾기

집 주변에서 아이가 만나는 세상

아이의 생활 반경이 집 주변으로 확장되면 아이가 느끼는 감정도 더욱 다양해집니다. 어떤 아이는 밖에만 나가면 내성적으로 바뀌고, 또 어떤 아이는 밖에 나가면 더 활발해지기도 합니다. 아이마다 집 주변에서의 경험도 다릅니다. 그렇다면 어떻게 해야 아이의 생활 반경에 맞추어 영어를 노출할 수 있고, 아이가 공감할 수 있을까요?

아이들은 주로 산책을 하거나 공원에 놀러갑니다. 마트는 특히 신나서 따라가죠. 집 밖에 음식점에 가서 외식을 하기도 합니다. 어린이집이나 유치원에 가는 길에 만나는 강아지, 꽃, 나무, 구름 등 많은 것이 아이에게는 호기심의 대상이 됩니다.
우리는 교재를 만들 때, 아이들이 집 밖을 나서서 보게 되는 것과 경험하는 것을 주제로 이야기를 창작합니다. 아이들이 제일 좋아하는 장소 중 하나인 마트 이야기를 볼까요?

<I Love This Store>에는 마트에 가서 들뜨고, 즐거워하는 아이의 모습이 담겨있습니다. 카트를 밀면서 **"Let me help you."**라고 말하는 장면, 카트를 타고 신이 나서 **"I'm riding the cart!"**라고 말하는 장면 등이 나옵니다. 그런데 이렇게 마트에서 쓸 만한 말들만 익히게 되면 끝일까요? 아닙니다. 상식도 함께 배우게 해줘야 합니다.

교재에서는 엄마가 아이에게 해주고 싶은 말도 담고 있습니다. **'카트는 미는 거야, 타는 게 아니란다'** 뜻의 라는 **"Push the cart, Don't ride it!"**이라는 문장이 나옵니다. 어렵지 않은 문장이니 아이가 카트를 타려고 할 때 해주셔도 좋습니다. 또 흔히 마트에서 일어날 법한 '옷 입어 보기', '시식해 보기' 등의 다양한 상황이 영어로 표현되어 있어 마트에서 많은 말을 해볼 수 있도록 유도했습니다.

제대로 만든
영어 교재 찾기

<You'll be Okay>도 볼까요? 교재에는 공원에서 산책하다가 손가락을 다친 아이의 상황이 나옵니다. 그리고 엄마는 아이에게 밴드를 붙여주며 이제 괜찮을 거라 말해줍니다. 밖에서 자주 다치곤 하는 아이에게 꼭 필요한 말이죠. 아이가 친구에게 해줄 수도 있고요. 이 스토리를 만들면서 특히 신경 쓴 것은 아이의 표정과 멜로디입니다. 다쳤던 아이에게 누군가 **"You'll be Okay."(넌 이제 괜찮을 거야.)**라고 말해주면 아이가 안도하는 표정으로 바뀌어야 하고, 멜로디도 더 안정적이고 포근하게 전환되어야 합니다. 그래야 아이가 영어 문장을 100% 이해 못 해도 스토리를 느끼고 맥락을 이해하고 발화할 수 있습니다.
이것이 바로 영어 교재를 만드는 사람들이라면 누구나 지켜야 할 상식입니다. 한 가지 더 말씀드리자면, 아이가 배를 움켜쥐고 배 아프다고 말하는 장면에서 어른들이 보편적으로 쓰는 **"I have a stomachache."** 대신 **"I have a tummyache."**라는 문장을 썼는데, 어린이들은 대부분 배를 **tummy**라고 말하기 때문입니다.

아이의 생활 반경 안에서 보고 느끼는 것들, 공감할만한 것들을 주제로 한 스토리가 많은데, <The Bug's Picnic>도 아이들이 좋아하는 스토리입니다. 가족이 소풍을 가면 돗자리를 펴놓고 음식을 먹습니다. 이때 아이는 돗자리 위에 올라온 곤충들에게 눈을 떼지 못합니다. 맛있게 싼 도시락을 먹는 건 뒷전이고 한참을 곤충만 관찰하거나, 곤충에게 말을 걸거나, 장난치는 등 곤충은 아이에게 최고의 관심사가 됩니다.

교재 스토리에도 이런 내용이 펼쳐집니다. 소풍을 즐기기 위해 편 돗자리 위에 개미가 올라옵니다. 맛있는 샌드위치를 먹고 싶었던 개미들은 슬금슬금 돗자리 위를 행진하고 아이가 발견합니다. 또 어느새 벌이 몰려들고, 이제는 메뚜기들도 줄을 맞춰 뛰어갑니다. 아이는 신기한 듯 곤충을 바라보는데 이번엔 모기입니다! 모기떼를 발견하자 부모님은 모기약을 뿌리느라 정신이 없어집니다. 가족이 소풍을 나가듯, 곤충들도 좋은 날씨를 즐기려 소풍을 나와 주인공과 마주하는 상황은 재미있기도 하고 아이들에게 공감도 일으켜 인기가 많습니다.

제대로 만든 영어 교재 찾기

집 주변을 넘어 더 넓은 세계로

아이가 성장할 수록 집 주변을 넘어 더 넓은 세계를 경험합니다. 동물원이나 할머니, 할아버지 댁에 갈 때, 한 번도 가보지 못한 지역에 갈 때, 여행을 갈 때, 생전 처음 타보는 교통수단을 타기도 합니다. 이럴 때 아이의 상상력 재료가 많아지고 상상의 영역과 느낌이 극대화됩니다. 어른이 되면 실제적인 것을 많이 경험하게 되고, 현실에 충실하게 되면서 상상할 일이 자연스럽게 줄어듭니다.

하지만 아이는 다릅니다. 아직 세상을 많이 경험하지 못한 아이에게 상상력은 무궁무진한 세상을 얼마든지 만들어주는 마법입니다. 아이는 동물원에 가서도 상상으로 공룡 시대에 가 볼 수도 있고, 세상에는 존재하지 않는 코끼리 왕국에 방문할 수도 있습니다.

그래서 우리는 교재 속에서 아이의 반경이 아주 넓어질 때, 아이가 생소한 곳을 방문할 때의 상황을 그려주고 아이의 상상의 세계도 함께 그려줍니다. 한 단계 한 단계 나아가게 해주는 것이죠. 잉글리시에그에서는 어떤 이야기들을 담았는지 소개하겠습니다.

먼저 집에서 멀리 떨어진 동물원에 간 아이 이야기를 소개합니다.
<I want a Baby Panda> 이야기입니다. 모처럼 동물원에 아이를 데려간 부모님은 아이에게 다양한 동물을 하나라도 더 보여주려고 애씁니다. 입을 크게 벌린 하마, 목이 긴 기린, 호랑이, 타조 등등. 하지만 아이는 다른 동물에는 눈길조차 주지 않으려 하고 오직 아기 판다가 있는 곳을 향해 가려고 합니다.

이 이야기 속에서 우리는 다른 동물 앞을 지나갈 땐 뾰로통한 아이의 표정과 아기 판다를 본 후 진심으로 즐겁고 행복해하는 아이의 표정을 대조시켰습니다. 아이는 이러한 감정의 변화에 공감하고, 영어 문장 또한 직관적으로 받아들이게 됩니다. 또한 동물이 가까이 있을 때 쓸 수 있는 영어 표현과 동물이 우리에 갇혀 멀리 있을 때의 표현을 자연스럽게 인지시키기 위해 동물을 크게 그리거나, 작게 그리는 등의 디테일에 신경 썼습니다. 음악에서도 아이의 마음을 표현해주고자 했습니다. 심술 나고 뾰로통한 아이의 감정을 대변하는 듯한 멜로디와 즐거워하는 반전이 느껴지는 멜로디를 흐르게 한 거죠.

제대로 만든 영어 교재 찾기

집에서 멀리 떨어진 곳에 방문하는 또 다른 이야기가 있습니다. 바로 연휴를 맞이해 할머니 댁에 놀러 가는 이야기를 다룬 **<Happy Holidays, Grandma!>**입니다. 아이들에게 상상력을 더해주기 위해 역발상을 하나 해보았습니다. 대부분의 교재에서 할머니 할아버지 댁에 갈 때는 도시에서 시골로 가지만, 이 콘텐츠에서는 반대로 시골에 사는 아이가 도시에 사는 할머니 댁에 가는 상황으로 설정했습니다. 한 번도 타보지 않았던 버스, 지하철, 택시를 골고루 타보는 과정을 따라가며 아이의 상상력은 계속 자극됩니다.

이때 잉글리시에그가 교재에 담아 둔 작은 기획이 하나 있습니다. 바로 a와 the의 차이를 자연스럽게 느끼게 해주고 싶다는 것인데요. 예를 들어 **take the bus, take the subway, take a taxi**에서 taxi 앞에는 a를 넣은 것입니다.

버스나 지하철은 지정되어 있는 특정 노선을 달리기 때문에 the를 쓰는 것이 맞고, 택시는 승객이 원하는 목적지를 가기 때문에 a를 쓴다는 것을 자연스럽게 알려주고 싶었습니다.

마지막으로 <The Best Night Ever!>를 볼까요?
시계가 저녁 9시 5분을 가리키자 베티의 엄마는 어서 빨리 자라고
재촉합니다. 잠을 자기 싫었던 베티는 어쩔 수 없이 침대에 눕지만,
그대로 잠들고 싶지는 않습니다. 테디베어 인형과 나란히 누운 베티,
그런데 이게 어찌 된 일일까요? 갑자기 테디베어가 말을 합니다.
놀란 나머지 테디베어를 번쩍 들고 "You can talk?" 묻는 베티에게
테디베어는 'Night time Wonderland' 라는 곳으로 데려가 줍니다.
신나는 밤 여행을 마치고 돌아온 베티, 다음 날 갑자기
엄마에게 저녁 6시에 잠을 자겠다고 말합니다.
밤 여행 친구 테디베어를 껴안고 말이죠.

이 콘텐츠는 상상력을 잊고 살았던 어른의 가슴마저 뛰게 하는
이야기인데요. 이 이야기를 통해 아이는 자신이 한 번쯤
해보았을 상상의 세계를 만나거나, 자신이 떠나보았던 상상의 나라와
비교를 해볼 수도 있습니다.

이 콘텐츠에서는 알파벳 E Sound를 배우는 것에 초점을 두어
Betty, Teddy, Bedtime, Best 등의 단어가 등장합니다.

제대로 만든 영어 교재 찾기

아이가 써볼 일이 있는 문장, 아이가 납득할 수 있고 공감하는 상황이 담긴 스토리, 아이의 감정을 대변하는 교재를 찾아 많이 노출해주세요. 진짜 전문가들이 고민하면서 진심을 담아 만든 제대로 된 교재를 아이에게 안겨주어야 합니다.

이때 몇 가지를 고려하시면 좋습니다. 자음을 먼저 하거나,
모음을 그 다음에 해야 한다는 규칙 같은 것을 생각하지 마세요.
다음으로 고려할 점은, 무조건 영어를 들려주고 보여주는 것은
아무런 효과가 없다는 것을 기억하는 것입니다. 교재에 딸려오는
영어 음원을 계속 틀어준다고 해서 아이의 귀가 열리고
영어 말문이 저절로 트이는 것이 아닙니다.

가장 중요하게 봐야 할 것은 **실제 아이 주변에 있는 것을 가지고
의미를 익힐 수 있는 표현이 많이 담긴 영어 문장인가**입니다.
앞서 다루었던 아이의 성장 맥락, 생활 맥락과 상관없는 문장이라면
아이는 귀담아듣지도, 쓰려고 하지도 않습니다.
아이가 흡수하고, 활용하는 것만이 아이에게 남는 영어입니다.
모든 언어의 기본 역할은 커뮤니케이션입니다. 영어도 마찬가지죠.
내가 하고 싶은 말을 하고, 상대방의 말뜻을 이해하고 소통하는 것.
그것이 언어의 처음과 끝입니다.

그리고 지금은 다행히 부모님이 아이에게 직접 영어를 가르칠 필요도
없습니다. 아이가 어떻게 하면 영어를 잘 받아들일 수 있을지에
대한 복잡한 고민은 이미 영어 교재를 만드는 회사나 교육기관에서
끝냈으니, 부모님은 시중에 나와 있는 교재를 잘 선택하는 것이
무엇보다 중요합니다.

즐거움은 영어 교육의 기본 재료

Chapter 3

영어 즐기는 첫 번째 방법,
스토리에 빠져들자

영어에서 스토리는 왜 중요할까요?
스토리는 흔하게 쓰는 말이고,
많은 영어 교재에서 활용하지만 정작 스토리답게
표현한 교재를 찾기란 쉽지 않습니다.
스토리가 탄탄하게 구성되어 있지 않고
상황만 제시되고 끝난다거나, 스토리는 있지만
그 안에 아이들이 느낄 수 있는 공감대가 없거나,
감정이 느껴지지 않는 경우도 많습니다.

스토리는 교육의 효과를 높이고, 스토리가 탄탄할수록 교육의 효과가 높아집니다.

스토리가 교육에 활용되는 사례 중 하나는 역사입니다. 역사학자, 역사 강사가 하나같이 입을 모아 하는 이야기가 역사는 곧 '스토리'라는 것입니다.

역사를 학문으로 배우고 외우려면 어렵지만, 스토리로 받아들이면 전혀 어렵지 않고 흥미진진하기 때문입니다. 많은 사람들이 자신이 좋아하는 영화나 드라마의 스토리는 얼마든지 쉽게 기억하고, 심지어 다른 사람에게 일목요연하게 설명하기까지 합니다. 이렇게 등장인물의 이름과 일어난 일, 시기, 인과관계 등을 기억하고 설명할 수 있는 이유는 그 스토리를 즐기고 그 스토리에 빠져들었기 때문입니다. 스토리를 즐기면 스토리를 통해 전하고자 하는 내용은 자연스럽게 습득됩니다.

영어 즐기는 첫 번째 방법, 스토리에 빠져들자

01 공감을 유발하고 감정이입을 돕는 스토리

잉글리시에그는 스토리를 만들 때 아무리 짧은 스토리에서도 아이가 무엇을 느끼고 기억하게 할지 목적을 담아 만듭니다.

특히 문제 해결이 담겨진 기승전결 스토리를 많이 활용하는데, 문제를 해결하는 과정에서 아이가 스토리에 감정이입하며 함께 하는 느낌을 줄 수 있기 때문입니다. 단순히 제3자의 입장에서 스토리를 구경하는 것이 아니라, 등장인물 중 하나가 되어 감정을 느껴보는 것은 스토리를 자신의 것으로 만들어주기 때문입니다.

스토리는 접하는 것 자체만으로도 아이에게 충분히 즐거운 시간을 줍니다. 그렇기 때문에 **즐거움이라는 영어의 기본 재료의 바탕은 스토리**일 수밖에 없는 것이죠. 스토리는 영어를 즐기게 하는 강력한 수단입니다.

스토리가 재미있는 책 <Shhh, Sheila! Shhh!>

영어 즐기는 첫 번째 방법, 스토리에 빠져들자

02 아이는 그림으로 이해한다

잉글리시에그의 교재를 본 사람들은 한 편의
명화집같다는 이야기를 많이 합니다.
우리는 국내외 정상급 일러스트레이터에게
그림을 의뢰해 다양한 화풍의 그림을 그립니다.
이렇게 스토리를 표현하기에 가장 적합한 그림을
그려내면 아이의 안목도 높아질 뿐만 아니라,
아이가 그림만 보고도 스토리와 상황을 이해할 수 있게
된다는 장점이 있기 때문입니다.
그림을 보고 스토리를 직관적으로 이해하게 되면
영어로 이해하지 못해도 그 영어 문장을 자연스럽게
습득하는 효과가 있습니다.

또한 교재에 그려진 그림에는 상상력을 자극할 수
있도록 서브 스토리까지 만들어 기획합니다.
예를 들면 아이의 행동을 강아지가 똑같이 따라 하거나,
그 다음 장에 펼쳐질 내용이 서브 스토리의
그림으로 암시되어 있기도 합니다.

예를 들어 <It's mine> 삽화에서는 아이의 옆에 붙어 있는 강아지가 계속해서 아이와 똑같은 행동을 하고 있는 것을 확인할 수 있습니다. 아이가 혼날 땐 아이처럼 풀이 죽어 있고요, 아이가 친구들로부터 물건을 빼앗고 나눌 때도 같은 행동을 합니다. 시각적인 콘텐츠는 영어 교육에 큰 도움이 되기에 잉글리시에그는 최고의 영상과 그림을 만들어내는 데 많은 정성을 쏟고 있습니다.

영어 즐기는 두 번째 방법, 음악으로 느끼자

01 아이의 뇌를 깨우고 기억력을 높이는 음악의 힘

아이가 영어를 좋아하고 잘하려면 꼭 필요한 것이 있습니다. 바로 **'즐거움'**입니다. 초등학교부터 고등학교 때까지 최소 10년 이상 영어를 배워야 하는데, 영어로 말하고 듣는 게 즐겁지 않다면 얼마나 괴로울까요? 아이가 영어를 금방 잘하게 되지 않더라도 꾸준히 영어에 관심을 두고 좋아할 수 있도록 도와줘야 합니다.

영어를 잘하지 않아도 비행기를 타거나 호텔에 가면 영자 신문부터 찾으며 설레는 아이, 외국인 친구와 유창하게 영어로 대화하며 웃고 떠드는 모습을 상상하며 즐거워하는 아이, 처음 보는 간판에 쓰여 있는 영어를 읽어보려고 노력하는 아이는 분명 언젠가는 영어를 잘 하게 됩니다. 즐거우면 계속해서 관심을 갖게 되고, 관심을 갖다 보면 친해지고, 친해지다 보면 잘 하게 되는 게 언어이기 때문입니다.

'어떻게 해야 아이가 영어를 즐겁게 받아들이고 좋아할 수 있을까?' 라는 물음은 지금까지도 잉글리시에그가 가장 많이 고민하는 질문입니다. **'잉글리시에그의 교재를 보면서 아이들이 많이 즐거워하면 좋겠다'**, **'놀이하듯 느끼면 좋겠고, 계속 봐도 질리지 않을 만큼 즐거웠으면 좋겠다'**라는 바람으로 즐거움의 재료를 찾기 위해 오랜 시간 연구했습니다. 긴 연구 끝에 우리가 찾은 답은 **'음악'**입니다. 여기에는 두 가지 이유가 있습니다.

03

즐거움은
영어 교육의
기본 재료

영어 즐기는 두 번째 방법, 음악으로 느끼자

첫 번째는 음악이 가진 즐거움입니다.

즐거워야 영어를 좋아할 수 있습니다. 즐거움이란 흥을 느끼는 것입니다. 흥을 내는 데 빠지지 않는 것이 바로 음악입니다. 아이들이 음악을 들으면 신이 나서 춤을 추고 노래를 따라 부르는 것처럼 영어에 음악적 특징을 적용하면 영어를 즐겁게 즐길 수 있을 거라고 확신했습니다.

뇌과학 분야에서는 학습과 관련된 연구를 활발히 해오고 있는데, 그 중 흥미로운 연구 결과가 있습니다. 즐거움은 뇌에 영향을 미치는데, 인간의 뇌는 즐거울 때 더욱 학습하기 좋은 상태가 된다고 합니다. 새로운 것을 받아들이기 위해 뇌가 활짝 열리는 것이죠. 반면 슬플 때나 공포스러운 상황에서는 뇌가 닫힌다고 합니다.

그래서 잉글리시에그의 교재에는 공포스러운 장면은 등장하지 않습니다. 즐거운 이야기만 가득하고, 즐거움을 주는 음악만을 풍부하게 담아냅니다. 영어도 음악처럼 소리가 만들어주는 즐거움으로 기억한다면 아이는 얼마든지 영어를 즐기고 받아들일 것입니다.

두 번째는 음악이 가진 몰입 효과입니다.

음악은 몰입을 이끌어 냅니다. 영화를 만들 때 음악감독은 몰입을 이끌어내기 위해 상황과 가장 어울리는 음악을 만들어냅니다. 사랑하는 장면에는 항상 좋은 음악이 흐르고 있습니다. 이처럼 순식간에 상황 속으로 몰입하게 만드는 것이 '음악'입니다. 몇십년 전에 들었던 음악을 오랜만에 들어도 단 몇 초 만에 그때 그 시절로 돌아가는 경험도 몰입의 효과로 기억력이 높아진 결과입니다.

이러한 음악의 힘을 잘 활용하면 교재의 몰입도를 높일 수 있어서 잉글리시에그 교재에는 각 상황에 어울리는 음악이 다채롭게 녹아있습니다. 아이는 음악을 통해 상황을 기억하고, 그 상황 속에 배운 영어 문장과 단어를 더 잘 기억할 수 있습니다. 비슷한 상황일 때 자연스럽게 그렇게 배운 영어를 말할 수 있게 됩니다.

영어 즐기는 두 번째 방법, 음악으로 느끼자

02 영어를 즐겁게! 리듬, 라임, 멜로디가 만드는 마법

음악은 리듬과 멜로디로 이루어져 있습니다.
그래서 악기도 드럼과 같은 리듬 악기가 있고
피아노와 같은 멜로디 악기가 있습니다.
리듬과 멜로디가 어우러지면 음악이 만들어지고,
멜로디 위에 가사가 흐르면 '노래'가 됩니다.

언어에도 리듬이 있습니다. 우리가 영어, 일본어, 중국어를 잘 몰라도 상대방이 내는 소리만 듣고도 어떤 언어인지 구분할 수 있는 것도 언어마다 고유의 리듬이 있기 때문입니다. 리듬은 언어를 이해할 수 있도록 돕고, 더 잘할 수 있게 만들어줍니다.
심지어 어떤 언어는 리듬을 이해하지 못하면 아예 소통할 수 없습니다. 중국어는 4성을 제대로 구분해서 쓸 수 있어야만 제대로 말하고 소통할 수 있게 됩니다. 영어에도 리듬이 있습니다. 영어 원어민은 영어를 말하면서 자연스럽게 선율을 만들어냅니다.
쉬운 예를 하나 들어보겠습니다. 지하철에서 다음 역 안내 방송이 나오는 걸 들어 보셨죠? 한국어로 말할 땐

"이번 역은↘ 압구정→, 압구정→입니다→"

라고 다소 딱딱하게 말합니다. 하지만, 영어로 말할 땐

"Next↘ stop↗ is↘ 압↘구↗정↘, 압↘구 ↗정↘.
You↘ may↗ exit↘ on↗ your↘ right↗"

이렇게 리듬을 넣어 말합니다. 외국인은 한글 명칭인 '압구정'까지도 영어의 리듬을 넣어 말합니다. 정작 한국어에는 없는 리듬인데 말입니다. 영어는 이렇게 태생적으로 리듬을 품고 있습니다.
영어로 말할 때 똑같은 음은 하나도 없습니다.

영어 즐기는 두 번째 방법, 음악으로 느끼자

지금 잠시 따라 해보세요. 먼저 한국어로 **"공부란 무엇인가"**를 소리 내 말해보고, 이어서 영어로 **"What is study?"**라고 소리 내 말해보세요.

한국어로 말할 때는 일정한 하나의 음으로 말하고, 영어로 말할 때는 한국어보다 조금 더 높낮이가 있게 혹은 경쾌하게 말하게 되지요?

한국어는 아무리 긴 문장도 아무 리듬 없이 하나의 음으로 시작해서 하나의 음으로 끝낼 수 있지만, 영어는 하나의 음으로 말하는 것 자체가 불가능합니다. 영어 자체가 리듬이 있는 언어이기 때문입니다. 한국어에 리듬이 없는 건 아닙니다. 한국어도 **음절박자언어 (syllable-timed language)** 라고 불리죠.

그런데 한국어의 리듬은 한국인조차 거의 느끼지 못할 정도로 동일한 음절의 반복입니다. 그래서 영어의 리듬은 한국어에 비해 도드라지게 느껴집니다. 한국어에는 없고 영어에는 있는 그 리듬을 아이들이 이해하고 느끼고 부를 수 있어야 합니다. 그래서 아이가 영어를 배울 때는 소리로, 그리고 리듬으로 영어를 받아들이게 해줘야 합니다. 이걸 어떻게 도와주느냐에 따라 아이의 영어 실력 향상 속도가 달라집니다.

영어 즐기는 두 번째 방법, 음악으로 느끼자

잉글리시에그 교재에는 문장 하나하나 리듬이
다 맞춰져 있습니다.
<My Teddy Bear>를 살펴볼까요?

> I 👏 like 👏 teddy 👏 bear, 👏
> teddy 👏 bear 👏 likes 👏 me, 👏
> Mommy, 👏 Daddy 👏 this is 👏 teddy. 👏

이렇게 말이죠. 또한 한 번 들으면 어떤 아이도 쉽게
따라부르는 <Mommy, Look at Me!> 에도 리듬의
마법이 담겨 있습니다.
단순한 문장이지만 아이가 언어의 리듬을 바로
느낄 수 있는 구조이기 때문입니다.

> Mommy! 👏 Mommy! 👏 look at 👏 me! 👏
> I can 👏 paint 👏 a tree. 👏 A tall, 👏 green 👏
> tree.(중략) I can 👏 paint 👏 a bee. 👏
> A black and 👏 yellow 👏 bee!

처럼 말이죠.

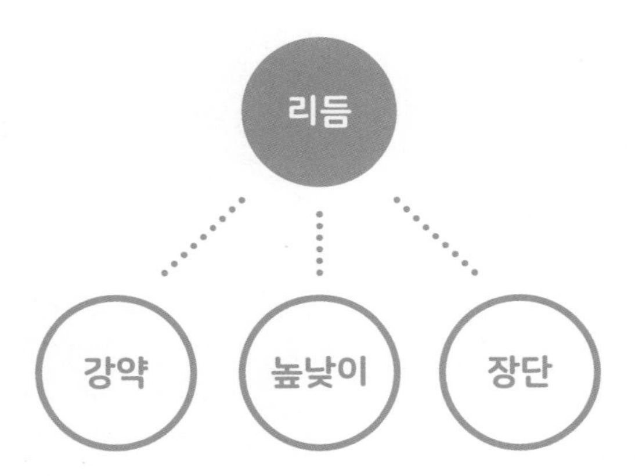

또한 영어에는 리듬뿐만 아니라 리듬을 만드는 요소인 **강약(Stress), 높낮이(Pitch), 그리고 장단(Length)**이 있습니다. 이런 영어적 특성이 한국어를 모국어로 하는 아이들에게는 낯설고 어렵게 다가올 수 있고, 어색할 수 있지만 음악을 통해서라면 자연스럽게, 효과적으로 받아들일 수 있습니다.

또한 한국인들이 영어를 말하고 들을 때 가장 어려워하는 부분은 연결음입니다. 연결음 또한 음악으로 접하면 더 쉽게 이해되고, 쉽게 따라 해 볼 수 있다는 장점이 있습니다.
만약 이러한 영어적 특성이 아이들에게 흡수되지 않는다면 아이는 영어를 이해하는 데 어려움을 겪게 됩니다.

아이들에게 영어를 들려줄 땐, 리듬에 실어서 반복적으로 노출해주세요.
그래야 아이들이 지루해하지 않고 리듬과 함께 영어를 즐길 수 있으니까요.

예를 들어, 'D' 사운드를 가르칠 때 "Dunk! Dunk! Dunk!"를 리듬에 실어 반복해주면 좋습니다. 영어를 잘 듣고, 잘 말하려면 아이들이 영어가 지닌 리듬을 무의식적으로 익히고 받아들이게 해주는 것이 중요합니다. 또한 라임을 살리는 것도 중요합니다.

아무리 유명한 배우나 가수와 녹음을 해도, 교재를 만들 때 텍스트 자체에서부터 라임을 살려 놓은 것과, 영어적 리듬과 라임을 고려하지 않은 텍스트에 나중에 리듬만 입혀 녹음한 것에는 디테일의 차이가 있을 수밖에 없습니다.

03

즐거움은
영어 교육의
기본 재료

영어 즐기는 두 번째 방법, 음악으로 느끼자

03 아이가 듣는 음악도 퀄리티가 좋아야 한다

① 퀄리티가 좋아야 계속 듣는다

음악으로 배우는 영어에는 장점이 많고, 효과도 좋지만 유의하여야 할 것이 있습니다. 어떤 음악이든 상관없이 무조건 좋은 건 아닙니다. 간단한 멜로디의 음악이든, 복합 예술의 하나인 뮤지컬이든 중요한 것은 퀄리티입니다. **퀄리티가 있어야 진정으로 좋은 음악입니다.** 퀄리티가 낮은 음악은 아이가 금방 지루해합니다. 아마 영어를 노출해주기로 마음먹은 부모님이 먼저 지겹다고 느끼실지 모릅니다.

음악을 활용해 교재를 만들었지만, 음악의 수준을 제대로 갖추지 못한 교재도 많습니다. '아이들이 들을 거니까'라고 생각해 낮은 수준으로 안일하게 만들면 그렇습니다. 심지어 비전문가들이 만들었거나, 기본적인 음질조차 제대로 챙기지 못한 경우도 있습니다. 잡음이 낀 음악을 누가 반복해서 듣고 싶을까요? 듣다 보면 소음으로 느껴지는 음악은 어른도 아이도 듣기 싫습니다.

이런 결과물이 만들어지는 건, 결국 음악을 단순히 영어 교육을 위한 형식적인 수단으로만 보기 때문이 아닐까요?

잉글리시에그는 교재를 만들 때 유아 교육 전문가뿐 아니라,
음악 전문가를 많이 만나 자문을 얻고 함께 연구합니다. 지금도
아이들의 영어 교육에 도움이 되는 협업을 많이 하고 있습니다.
가끔 의견이 맞지 않는 경우도 생기는데, 예를 들면 이런 경우입니다.
잉글리시에그와 협업하는 전문가 한 명이 이렇게 말했습니다.
"아이들 노래는 다섯 음 이상 넘어가면 안 돼요. 도에서 시작하면
솔에서 끝나야 하죠. 그래야만 아이가 따라 할 수 있습니다."
그 조언에 따라 다섯 음 내에서 단조로운 영어 노래를 만들 수도
있었습니다. 하지만 그렇게 하지 않았습니다. 요즘 어린 아이들은
대부분 아이돌의 노래를 따라 부르는데, 다섯 음 내에서만 작곡을
하는 건 아이들의 가능성을 제한하는 것 같았습니다.

오히려 음악적 경험을 풍부하게 만들어주는 게 아이들의 음악적 지능,
감수성을 높여줄 수 있다고 판단했습니다. 음악 지능과 언어 지능이
함께 가는 거라면, 재즈, 보사, 컨트리 등 다양한 장르를 아이들이
접할 수 있도록 해야겠다고 생각했죠.

영어 즐기는 두 번째 방법, 음악으로 느끼자

그래서 잉글리시에그에 들어있는 음악은
음이 풍부합니다.
음이 풍부하기 때문에 다양한 상황에 맞춰
음악을 넣을 수 있었습니다.

예를 들면 이탈리안 식당에 가서 음식을 먹는 장면이 등장하는
<Burp!>에서는 이탈리아의 감성을 느낄 수 있는 음악을, 바다 깊은
곳을 들여다보는 <Deep! Deep! Deep!>에서는 바닷가 느낌의
음악을, 서커스 장면이 등장하는 <Cindy at the Circus>에서는
서커스의 흥미진진함을 떠올릴 수 있는 음악을 담았습니다.
또한 발차기를 좋아하는 캥거루를 찾아 탐험하는 내용을 담은
<King Kangaroo> 에서는 호주 원주민 악기를 사용해서
스릴을 더했습니다.

**잉글리시에그는 아이들에게 최고의 음악을 들려줘야 한다고
생각합니다. 아이들의 음악 수준을 높여줘야 합니다.
명곡은 아무리 들어도 지겹지 않은 것처럼, 좋은 음악은
들을수록 좋아야 합니다. 즐거워야 합니다. 음악이 먼저
즐거워야 하고, 그 즐거움 안에 영어가 녹아 있어야 하고,
아이들은 그 즐거움을 있는 그대로 느끼기만 하면
되는 것입니다. 잉글리시에그가 언제나 최고의 배우와,
최고의 작곡가와 함께 작업하는 이유입니다.**

영어 즐기는 두 번째 방법, 음악으로 느끼자

② 잉글리시에그가 뮤지컬을 만든 이유

잉글리시에그는 국내 최초로 가장 수준 높은 브로드웨이 뮤지컬 배우들과 최고의 퀄리티 노래를 만들기 시작했습니다. 말과 가장 비슷한 음악이 바로 뮤지컬이기 때문입니다.

잉글리시에그는 영미권 아이들의 놀이와 노래, 문화를 집대성해서 **뮤지컬 라임 (Musical Rhymes)**을 만들었습니다. 흉내만 낸 뮤지컬이 아닌, 정식으로 만든 뮤지컬입니다. 마치 브로드웨이에 와서 공연을 보는 듯한 느낌을 받는다는 피드백도 많이 받았습니다.

누군가는 영어 교육이라는 목적 하나를 위해 뮤지컬까지 활용할 필요가 있냐는 질문을 할지도 모르지만, 우리가 영어 교육에 뮤지컬을 접목한 분명한 이유는 4가지나 있었습니다.

1

일상영어 체험과 습득

첫 번째 이유는 대사와 스토리 중심의 일상영어 체험과 문화적 관점을 습득을 할 수 있다는 점 때문입니다. 뮤지컬은 노래하는 부분과 말만 하는 부분이 적절하게 어우러져 있어 아이가 자연스럽게 대사에 귀 기울이게 되고 스토리를 따라가게 됩니다. 더불어 스토리와 극을 통해 어떤 상황에서 이 문장을 쓰는지 문화적 관점도 체득하게 됩니다.

2

영어에 대한 흥미 극대화

두 번째는 연극 놀이나 노래, 춤을 통해서 영어에 대한 흥미를 극대화 할 수 있습니다. 직접 주인공이 되어 연극을 해보거나 주인공과 함께 노래하고 춤을 추면서 영어 자체를 즐겁게 받아들일 수 있게 됩니다.

3

정확한 발음 교정

세 번째는 정확한 발음 교정입니다. 뮤지컬 배우는 대사를 명확히 전달해야 하기 때문에 발음이 아주 좋습니다. 따라서 아이는 극의 상황을 이해하는 인지능력과 영어 활용 능력이 향상되는 효과도 있습니다. 실생활에서 동일한 상황이 되었을 때, 아이는 문장을 활용해 말할 수 있습니다.

4

표현의 극대화

마지막으로 표현력이 극대화된다는 것도 큰 장점입니다. 과장해서 말하고 과장해서 연기하고 과장해서 노래하는 뮤지컬의 특성이 익숙해진 아이들은 적극적이고 과장된 표현력을 배워 활발한 성향을 갖게 됩니다.

영어 즐기는 두 번째 방법,
음악으로 느끼자

뮤지컬에 들어가는 모든 노래는 영어 고유의 리듬을 살리기 위해 원어민 작곡가가 직접 작곡했습니다. 한국인 작곡가보다 원어민 작곡가가 작곡할 때 영어의 리듬을 최대한 자연스럽게 살려낼 수 있는 건 당연하니까요. 브로드웨이 배우 섭외 또한 매우 까다로운 눈으로 꼼꼼하게 선택했습니다.

브로드웨이 배우라고 무조건 섭외한 게 아니라, 아이들에게 사랑받고 있는 작품에 출연했던 주, 조연 배우들을 섭외했습니다. 아이들이 사랑했던 작품 속 익숙한 목소리의 주인공을 잉글리시에그를 통해 다시 만나게 해주고 싶었습니다.

그리고 아이들이 아직 접하지는 못했지만 명작이고 고전이기에 한 번쯤 접하게 될 유명 뮤지컬의 주인공들을 적극적으로 섭외했습니다.
그 외에도 목소리가 아이들의 정서에 맞지 않거나, 거부감을 주지는 않는지, 혹시 외설적으로 들리지는 않는지 꼼꼼히 체크하며 섭외를 했습니다.

이렇게 어렵게 섭외한 배우들에게 잉글리시에그가 가장 많이 주문한 것이 있습니다. **'같은 문장도 조금 더 과장되게, 리듬의 높낮이는 더 확연하게'** 느낄 수 있도록 말해달라고 했습니다.

"Thank you"라는 말을 할 때도 **"오~때앵~큐!!!"**라고 말하며 리듬을 확실하게 주고, **"Sorry"**라는 말을 할 때는 감정을 듬뿍 담아 **"오~…쏘~뤼…."**라고 말하며 감정을 느낄 수 있게 해달라고 했죠.

이렇게 영어의 단어나 문장에 감정이나 리듬을 담으면 아이는 해당 단어와 문장의 뜻을 몰라도 자연스럽게 유추해 뜻을 자연스럽게 알게 된다는 장점이 있습니다. 그래서 지금까지도 잉글리시에그는 유명한 브로드웨이 뮤지컬배우들의 연기와 노래를 잉글리시에그의 철학과 방향에 맞게 디렉팅하고 있습니다.
덕분에 잉글리시에그의 모든 교재는 다른 영어 교재가 쉽게 따라올 수 없는 완성도와 수준을 갖출 수 있었습니다.

영어 즐겁게 즐기는 세 번째 방법, 몸으로 따라하자

01 율동의 힘

영어를 소리로, 노래로, 음악으로 놀이하듯
즐기는 게 좋다고 할 때, 또 하나 빠질 수 없는 것이
바로 율동입니다. 몸을 움직여 춤을 춘다는
행위 자체가 즐거움을 북돋아 줍니다.
그렇다면, 영어를 배울 때도 율동을 더한다면
즐거움이 더 커지지 않을까요?

아이들은 노래를 들으면 저절로 몸을 움직이며
율동을 합니다. 그런데 우리는 여기에 영어 교육
효과를 높이는 한 가지 디테일을 더해보았습니다.
단순히 즐겁기만 한 율동이 아니라, 의미를 찾아내고
기억할 수 있는 율동을 만드는 것이죠. 율동을 따라
하다 보면 영어 표현을 익힐 수 있습니다.
아주 심플하게 'No'라든지 'OK'나 'Uh-Oh!' 그리고
'I have'와 같은 특정 표현들은 각각 고유의 동작을
갖고 있고 잉글리시에그 전 콘텐츠에 동일하게
적용되어 있습니다. 아이들이 노래에 맞춰 동작을
따라 하다 보면 해당 표현의 의미를 자연스럽게
이해하고 기억하게 됩니다.

No no! I won't go! 율동, no 동작

You'll be okay 율동, ok 동작

영어 즐겁게 즐기는 세 번째 방법, 몸으로 따라하자

잉글리시에그는 아이들이 영어를 즐길 수 있는 놀이공간을 마련해주기 위해 전국에 센터 공간을 통해 영어놀이 서비스를 하고 있습니다.

센터에 오면서 영어를 배운다고 생각하는 아이는 없습니다. 모두 놀러 온다고 생각합니다.
센터는 놀면서 영어와 친해지는 장소입니다.
여러 가지 상황극도 해보고, 다양한 말로 대화도 해보고, 노래하고 춤을 춥니다. 그래야 영어가 진짜 놀이가 되고, 친구가 되지 않을까요?

몸을 움직여 언어를 익히는 것에는 장점이 있습니다.
몸이 함께 기억하는 언어이기 때문에 오래도록 기억할 수 있다는 것입니다. 우리가 어릴 때 자전거나 수영을 배우고 난 뒤 장시간 하지 않아도, 다시 몸이 기억해 어렵지 않게 하는 것처럼요. 몸으로 익힌 건 평생 기억합니다.
동작과 율동은 얼마든지 응용이 가능하고, 아이에게 영어는 즐거운 것이라는 인식을 줄 수 있어서 좋습니다.

영어가 학습이 아닌 놀이가 될 수 있도록 아이와 함께 많이 움직여 주세요. 함께 춤추고 율동하고, 신나게 산책하고 뛰면서 놀아주세요. 그런 상호작용 속에 영어가 녹아 있다면 아이들은 영어를 스펀지처럼 쑥쑥 흡수해낼 것입니다.
아주 즐겁고 신나는 마음으로요.

영어 즐겁게 즐기는 세 번째 방법, 몸으로 따라하자

02 영상을 활용하자

음악, 율동, 연기 등 모든 것이 담긴 것이 바로 영상 콘텐츠입니다. 잉글리시에그 교재도 영상 콘텐츠를 풍부하게 갖고 있습니다. 우리가 영상 콘텐츠를 만들 때 스스로 가장 많이 하는 질문이 있습니다. **'아이들이 이 영상에서 매력을 느낄 수 있을까?'**입니다.

아이들이 유튜브를 통해 다양하고 매력적인 영상을 많이 접해서 전반적으로 영상 보는 안목과 수준이 높아졌기 때문이기도 하지만, 우리가 최고의 영상을 만들고자 하는 신념에는 다른 이유가 있습니다. 우리는 아이들에게 흥미 이상의 강렬한 **끌림(compelling)**을 주고 싶었습니다.

영어는 긴 여정입니다. 아이들이 어릴 때는 영어를 자연스럽게 흡수하고 익숙해지는 것이면 충분하지만, 학년이 올라갈수록 영어가 입시와 직결되기 때문에 어느 순간부터는 영어를 '공부'해야 하는 때가 옵니다. 그런데 제대로 공부하려고 마음먹고 들여다보면, 영어는 결코 단순하지 않습니다. 문법 규칙은 208가지나 되고, 예외 규칙도 너무 많습니다. 영어를 모국어로 쓰지 않는 한 직관적으로 받아들이기도 기억하기도 쉽지 않죠. 영어 단어도 100만 개 이상됩니다. 물론 그중 일부의 문법 규칙과 단어만 배워도 충분하지만, 확실한 건 단순히 흥미만 갖고는 영어를 오래도록 좋아하기 어려울 수도 있다는 것입니다.

그래서 흥미를 주는 데 성공했다면 더 나아가서 강렬한 끌림, 짜릿함까지 줄 수 있어야 아이가 오래도록 영어를 포기하지 않을 수 있다고 생각한 것입니다. 잉글리시에그에서 만든 교재로 공부한 아이들은 절대 영어 포기자는 없으면 좋겠다는 마음으로 말이죠.

영어 즐겁게 즐기는 세 번째 방법, 몸으로 따라하자

또한 아이는 영상 속에서 말하고 움직이는 배우들과 자기 또래 아이를 보면서 스스로 상호작용한다고 믿게 됩니다. 영상 속 주인공이 질문하면 아이는 답하고, 노래를 하면 같이 노래 부르죠. 춤을 추면 같이 추고요. 이런 상호작용이 아이에게 즐거움을 계속 유지해 줍니다. '나만 혼자 노래하는 게 아니야, 나만 혼자 춤추는 게 아니야. 다른 친구들과 같이 노래하고 춤추고 있어. 나도 더 크게 노래할 거야. 나도 더 신나게 춤 출래'라는 생각은 아이 스스로 동기부여를 할 수 있게 해줍니다.

뮤지컬 라임에는 원어민 배우가 약 250명 등장합니다.
한 명의 배우가 다양한 역할을 할 수도 있었지만, 각기 다른 사람으로 역할을 맡게 한 데에는 치밀한 전략이 숨어있습니다.
아이가 영상을 통해 다양한 외국인이 말하는 것을 보고 듣게 되면, 아이는 외국인 앞에서 두려움 없이 말할 수 있을 뿐만 아니라 외국인마다 미묘하게 다르게 발음하는 것에도 익숙해집니다. 이런 훈련은 실제로 어떤 원어민과 소통해도 문제없게 만들어줍니다.

영상 콘텐츠로 영어를 교육하는 것엔 장점이 많습니다. 아이에게 설명하고 싶은 내용을 곧바로 가시화해줄 수 있고, 영상에 등장한 인물의 음성과 움직임, 혹은 영상에 추가 영상 자료를 삽입해 내용을 최대한 쉽고 완벽하게 전달해 줄 수 있습니다. 시간과 공간도 얼마든지 확대, 축소할 수 있고 CG, 3D 등 특수 효과를 통해 만들고자 했던 장면을 최대의 생생함으로 구현할 수도 있습니다.
시각적인 것은 가장 빠르게 받아들여지기 때문입니다.

영어 즐겁게 즐기는 네 번째 방법, 엄마 아빠와 함께 놀자

01 엄마 아빠가 먼저 영어를 접하는 모습 보여주기

아이들이 영어를 즐길 수 있는 또 하나의 방법이 있습니다. 바로 부모님과 함께 영어로 노는 것입니다. 아이는 엄마 아빠를 가장 먼저 모방합니다. 아이가 엄마, 아빠가 하는 말과 행동을 그대로 따라해 놀란 경험이 있으실 겁니다. 아이는 타인의 행동을 따라하는 모방을 통해 언어와 행동 등을 습득하게 됩니다.

이러한 뇌 발달은 만 4세까지 활발하게 이뤄집니다. 이런 시기에 아이에게 가장 가까운 엄마와 아빠가 먼저 아이의 교재를 보거나, 듣고, 말하는 모습을 보여주면 아이가 그 모습을 보고 그대로 따라하게 될 가능성이 커집니다.

어른이 어린이용 영어를 접하고 즐기기란 쉽지 않을 것 같지만,
많은 부모님이 잉글리시에그의 책과 영상, 음악을 일상에서
아이와 함께 즐기고 있습니다. 지금까지 영어 교재가 갖고 있던 문제는
어른이 들어도 지겨웠다는 것이고, 어른도 영어를 스트레스로
인식했다는 것입니다. 본인이 들어도 지겨운 걸 아이에게
노출해줄 게 아니라, 부모님이 직접 들어봐도 신나고
즐거운 교재를 찾아 아이에게도 들려주면 됩니다.

영어 즐겁게 즐기는 네 번째 방법, 엄마 아빠와 함께 놀자

잉글리시에그는 온 가족이 다 같이
즐길 수 있는 영어 교재를 만들고 있습니다.
학습의 개념으로 접근하지 않고,
영어가 즐거움이 되었으면 좋겠습니다.

영어가 온 가족의 놀이, 생활의 일부여서 영어 자체를 좋아하는
'영어 좀 하는 가족'이 많아지길 바랍니다. '영어 좀 하는 가족'이란
거창한 게 아닙니다. 엄마 아빠가 그저 노래만 따라 불러줘도 아이는
부모와 함께 영어를 즐기고, 영어로 놀이를 한다고 생각하게 됩니다.
아이는 부모의 음성으로 들었던 영어, 함께 불렀던 영어를
기억하게 됩니다. 실제로 이렇게 아이와 영어로 즐겁게 논 후에
부모님 또한 영어를 더 좋아하게 됐고, 영어를 전보다
잘하게 되었다는 말씀도 많이 하십니다.

온 가족이 편안하고 즐겁게, 언제나 영어와 가까이 있어 주세요.

영어 즐겁게 즐기는 네 번째 방법, 엄마 아빠와 함께 놀자

02 책 내용 그대로 놀아보기

영어권 국가에서 아이가 영어를 배울 때 환경 자체가 모국어라는 점이 아이의 영어 습득 속도를 높이듯이, 한국에서 영어를 자연스럽게 배우려면 영어를 배우는 아이의 환경도 영어가 자연스럽게 오가는 환경이어야 합니다. 그렇다고 해서 부모님이 아이와 영어로만 대화해야 하는 건 아닙니다. 아이의 발달 과정에 맞춰서, 아이가 일상생활에서 말할 수 있는 간단한 영어 표현으로 놀아주는 것만으로도 충분합니다.

잉글리시에그는 아이가 놀이로 영어를 즐기고 기억할 수 있도록 다양한 놀이를 교재 안에 담았습니다. 잉글리시에그 책 내용을 그대로 따라 하기만 해도 아이와 영어로 잘 놀 수 있다는 것이죠.

<Boom! Boom!>

<My Show Time>

<I Want It, I Like It>

예를 들어 **<My Show Time>**의 책 내용을 따라 하다 보면 어느새 집에 있는 박스, 휴지심, 페트병, 병뚜껑 등을 활용해 마술쇼를 하며 놀게 됩니다. 동물의 울음소리, 동물들의 특징을 배울 수 있는 **<I Want It, I Like It>**의 내용을 따라 집에 있는 스카프로 아이와 꼬리 놀이를 해도 좋습니다. **<Boom! Boom!>**의 내용처럼 아이와 밴드를 결성해 연주 놀이를 하면 아이는 시간 가는 줄 모르고 즐거워하게 됩니다. 교재 안의 그림과 글자, 영상이 실제 놀이가 되어 즐거운 체험이 될 때 영어는 자연스럽게 아이의 언어가 됩니다.

영어 즐겁게 즐기는 네 번째 방법, 엄마 아빠와 함께 놀자

03 아이에게 반응 보이기

혼자 하는 놀이보다 부모나 친구와 함께 하는 놀이가 더 즐거운 이유는 놀이를 하면서 오가는 반응과 감정의 교류에 있습니다. 아무리 즐거운 놀이라도 상대방은 반응이 없고 혼자만 신나있다 보면 금방 지루해지기 마련입니다. 아이가 영어로 자연발화를 시작할 때부터 영어를 놀이로, 즐거움으로 느끼게 하려면 부모님이 적절하게 반응해주는 것이 좋습니다. 대부분의 아이가 하는 영어는 매우 간단하기 때문에 부모님 또한 간단하게 칭찬해주면 됩니다.

예를 들면 **"Wonderful!"**, **"Excellent!"**를 신나는 톤과 밝은 표정, 약간의 제스처를 넣어 칭찬하면 아이는 신나서 영어를 또 말하고 싶어집니다. 이 때 한 가지 주의할 점이 있습니다. 아이가 영어로 말하는 게 신기해서 칭찬을 하다 보면, "그럼 이건 영어로 뭐야?", "또 영어로 말해볼까?" 하는 질문이나 요청을 아이에게 하게 됩니다. 확인하고 싶은 부모님의 마음은 이해되지만, 이런 질문이나 요청은 되도록 하지 않는 게 좋습니다. 아이의 흥미가 떨어질 수 있기 때문입니다. 부모님은 아이가 하는 영어에만 신나게 반응해주고, 기다려주세요. 아이는 영어가 즐겁다고 느낀다면 분명 또 다른 말을 계속해서 영어로 말할 테니까요.

그 밖에도 교재 안에는 아이와 놀아줄 때 필요한 간단하고 중요한 단어도 담겨 있습니다. 아이와 놀아주다 보면 종이접기를 가르쳐주거나, 그림을 그리는 법을 알려줄 때가 있는데요, 모든 과정을 하나하나 단계적으로 설명할 때 가능하면 영어로 말해주고 싶은데 막상 영어로는 어떻게 말해야 할지 막막할 때가 있죠. 너무 고민할 필요는 없어요.

"See." (봐봐), "Like This."(이렇게), "and then" (다음으로는), "Like this." (이렇게!)

이렇게 짧은 몇 가지 단어만으로도 아이와 행복한 추억을 남기기에 충분하답니다.

03

즐거움은
영어 교육의
기본 재료

영어 즐겁게 즐기는 네 번째 방법, 엄마 아빠와 함께 놀자

이처럼 아이의 일상을 그대로 담은 잉글리시에그 교재만으로도 아이에게 영어를 가르쳐주고, 영어로 놀게 하기에 충분합니다. 아이에게 익숙하고 공감을 주는 영어, 재미있는 영어는 항상 일상 속에 있습니다. 교재를 보여주고, 교재로 놀아주는 것만으로도 아이의 영어실력은 성장합니다.

실제로 고한슬이라는 아이는 잉글리시에그의 교재로 매일 즐겁게 놀았을 뿐인데, 미국 뉴욕으로 이민을 간 뒤에 원어민 친구들과 대화하는 데 아무런 어려움이 없었다고 합니다. 영어에 대한 고민이 많았던 한슬이 어머니는 직접 우리에게 고마움의 편지를 보내주셨습니다.

한슬이뿐만 아니라 많은 한국의 아이가 **영어를 학습이 아니라 놀이처럼 즐기고, 자신의 생각과 감정을 영어로 표현하며 원어민과 소통하는 것. 잉글리시에그가 영어 교육을 하는 이유이자 목적입니다.**

안녕하세요. 저는 현재 뉴욕에서 만 7살 귀여운 여자아이를 키우는
에그맘이에요. 저의 경험이 아이의 영어를 고민하는 모든 엄마들에게
조금이라도 도움이 될까해서 엽서를 써 봅니다.

저희 가족은 2014년 8월 미국 뉴욕으로 이민을 오게 되었어요.
제 경우에는 한국에서 10년 이상 영어를 배웠음에도 불구하고,
아주 기초적인 생활영어조차 내뱉기 힘들었어요.
말 한 마디 못하고 머리로만 배운 영어, 아마 지금 제 글을 읽고 있는
엄마라면 모두 동감할 거라고 생각해요.

하지만 한슬이의 경우는 달랐어요. 바로 잉글리시에그때문이죠. 지인의
소개로 2010년 11월 잉글리시에그를 알게 되었고, All STEP Package 와
Drama Phonics 를 구매했어요. 한슬이는 잉글리시에그를 놀이처럼
즐겼고, 생활영어 중심인 잉글리시에그식 영어는 한슬이의 생활에 깊숙히
스며들었어요. 그렇게 2살때부터 잉글리시에그로만 영어를 접했을 뿐인데,
한슬이는 미국으로 이민왔어도 의사소통에 전혀 문제가 없었어요.
영어라고는 한국에서 잉글리시에그로 놀다 온 게 다인데, 미국인 엄마들은
한슬이의 발음과 액센트를 듣고 미국에서 태어났냐고 물어봐요.

영어 억지로 학습시키지 마세요. 뉴욕에 온 한슬이는 지금도 잉글리시에그
책을 봐요. 그리고 잉글리시에그 책에 나오는 실생활 대화를 원어민에게
표현해요. 한슬이의 생각과 감정을 영어로 자연스럽게 표현할 수 있도록
도와준 '잉글리시에그' 고맙습니다!

아이의 성격과 인성까지 책임지는 올바른 영어교육

Chapter 4

1. 성격이 영어 자신감을 만든다

2. 영어 잘 하는 아이를 넘어 인성과 사회성을 갖춘 아이로

01 긍정
02 협동
03 포용
04 격려
05 서로 돕고 나눔
06 사회성

성격이
영어 자신감을 만든다

잉글리시에그는 영어 교재를 만들 때 아이에게 활발한 성격을 심어주기 위해 노력합니다. 영어를 잘 하는 비결 중 하나는 성격이기 때문입니다.

실제로, 미국의 교육 현장에서 우리가 직접 관찰하고 느낀 일화가 있습니다. 한국인 학생 둘이 비슷한 시기에 미국에 가서 영어를 시작했습니다.

하지만 둘의 실력은 날이 갈수록 차이가 났습니다. 한 명은 날이 갈수록 영어를 잘하고, 다른 한 명은 영어 실력이 늘지 않았어요. 물론 둘의 언어 실력이 똑같을 수는 없지만, 왜 이렇게 차이가 컸을까요? 계속해서 아이 둘을 관찰했더니 여기에는 의외의 이유가 숨어 있었습니다. 바로 성격이었습니다. 틀려도 상관없이 무조건 말하고, 자신 있게 큰 소리로 말하는 아이는 영어 실력이 빠르게 늘 수 밖에 없었습니다.

즉 긍정적이고 능동적인 성격의 아이일수록 영어를 잘하게 된다는 걸 알게 되었습니다.

그래서 잉글리시에그는 교재 속에 긍정적이고 능동적인 성격의
캐릭터를 많이 등장시키고 있습니다.

교재에 등장하는 주인공들은 어디서든 큰 소리로 노래하고
춤도 추고 궁금한 건 참지 않고 질문하고 친구에게 먼저 인사합니다.
아이는 책을 읽고, 미디어를 보면서 캐릭터에 자신을 투영합니다.
아이가 소극적이라도 잉글리시에그의 캐릭터를 보고 영어를 잘하기
유리한 아이로 만들어 주려는 의도가 숨어있습니다.

아이가 이렇게 활발한 교재 속 주인공을 보며 영어를 배우다보면
주인공에게 이입해 활발한 성격을 갖게 됩니다. 아이의 성향을
바꾸기는 쉽지 않겠지만 그래도 신나게 영어의 리듬을 즐기고 말해야
영어가 늘기 때문에 잉글리시에그는 아이가 활발한 성격을 가질 수
있게 교재를 통해 많이 유도하고 있습니다. 주인공의 활발한 성격이
드러나는 스토리 몇 개를 소개해드리겠습니다.

04

아이의 성격과
인성까지 책임지는
올바른 영어교육

성격이 영어 자신감을 만든다

<Daddy, I'm Coming With You>

하루종일 아빠와 놀고 싶은 아이는 아빠가 아침마다
출근하는 게 아쉬워 함께 나가려고 준비를 합니다.
그런데 아이는 아빠의 재킷을 입고, 아빠의 신발을 신고,
서류가방까지 들고 있습니다. 대부분의 아이가
마음 속으로만 생각했던 것을 적극적으로 나서서
행동하는 활발한 모습을 담고 있습니다.

<Don't Open the Fridge>

아이들에게는 냉장고도 즐거운 세계가 됩니다. 좋아하는 치즈나 오렌지주스가 있고 맛있는 음식이 가득하기 때문이죠. 냉장고 문을 열고 좋아하는 음식을 직접 꺼내 먹고 싶은 아이와 냉장고 문을 못 열게 하는 엄마의 모습을 그려냈습니다.

아이는 쉽게 포기하지 않습니다. 결국 냉장고 문을 열어 케이크를 먹는 데 성공하죠. 하지만 아이의 입에는 케이크가 묻어있고, 엄마는 못 본 척 해줍니다. 활발한 아이는 본인이 원하는 것을 쉽게 포기하지 않습니다. 해결할 수 있는 방법을 찾고 도전을 합니다. 이 스토리의 주인공처럼 아이들도 원하는 것이 있을 때는 적극적으로 쟁취했으면 하는 바람으로 주인공의 성격을 기획했습니다.

04

아이의 성격과
인성까지 책임지는
올바른 영어교육

성격이
영어 자신감을 만든다

<The Naughty Nickies>

이 스토리에 등장하는 아이는 스스로 말썽쟁이라고
할 만큼 개구쟁이입니다. 아이는 새로운 친구를 만들고
싶어 이웃집 문을 두드리는 장난을 칩니다. 쑥스러운
마음도 있었지만 용기를 내어서 한 장난이었죠.
이웃집의 문이 열리자 주인공은 먼저 자신을 소개하고,
서로의 공통점을 찾으며 둘은 친구가 됩니다.
친해진 두 친구는 새로 이사온 이웃을 발견하고 함께
문을 두드립니다. 둘은 문을 두드리고 숨는 장난을 치며
이웃에게 다가가 또 한 명의 친구를 만들게 됩니다.

아이에게도 친구를 만드는 과정이 쉽지는 않겠지만
아이들에게 자연스럽게 관계를 형성하는 방법을
알려주고 싶었습니다.

이렇게 활발하고 적극적인 성격의 주인공이 등장하는 잉글리시에그 이야기 덕분에 아이의 성격이 더 밝아졌다는 이야기를 부모님에게 자주 듣곤합니다. 아이가 영어를 할 때만큼은 밝고 신나는 목소리, 들뜬 말투로 바뀌거나, 스토리에서 보았던 비슷한 상황을 마주했을 때 주인공처럼 행동하는 경우를 목격한다고 합니다. 잉글리시에그가 영어의 리듬을 살려 **'영어는 재미있고 신나는 것!'**이라는 인식을 주기 위한 노력이 빛을 발하는 것 같아 안도감이 듭니다.

영어 잘 하는 아이를 넘어 인성과 사회성을 갖춘 아이로

잠시 상상해볼까요? 한 테이블 위에 서너 명의 아이와 어른 몇 명이 모여 식사를 하고 있습니다.

그 중에는 감자튀김 위에 소금을 뿌려 먹고 싶은 아이 두 명이 있습니다. 한 아이는 식사 중인 어른에게 **"저 소금 좀 주세요!"**라고 말합니다. 어른은 아이에게 소금을 건네 주었고 아이는 말없이 자신의 감자튀김 위에 소금을 톡톡 뿌려 먹습니다.

그리고 또 다른 아이는 **"소금이 너무 멀리 있어서요, 소금 좀 주시겠어요?"**라고 부탁하고 소금을 받자 마자 **"감사합니다."**라고 말합니다.

같은 상황에서 같은 의미를 전달했지만, 말의 품격은 전혀 다릅니다. 아직 아이인데 왜 굳이 품위까지 갖춰야 하나라고 생각할 수 있어요.
하지만, 어린 시절부터 바르고 품위 있게 말하는 것에 익숙한 아이일수록 품위 있는 어른으로 성장할 가능성이 큽니다. 사소한 상황을 예로 들었지만, 아이가 어른이 된 후에는 비즈니스 상황이나 중요한 자리에서 자신의 품격을 보여주어야 할 상황이 더 많을 것입니다.
특히 우리 아이들은 앞으로 한국뿐만 아니라 세계를 무대로 살아갈 것이기에 글로벌 매너를 갖추고 이에 맞는 말과 행동을 해야 할 상황도 많아집니다.

잉글리시에그는 영어를 배우는 아이들이 좋은 인성과 글로벌 매너를 갖출 수 있도록 하겠다는 목표를 갖고 영어 교육을 하고 있습니다.

영어 교육과 인성, 글로벌 매너가 어떤 관계가 있을까 생각할 수도 있겠지만, 매우 밀접한 관계가 있습니다. 대부분의 아이가 영어를 처음 접하는 영유아 시기는 아이의 인성이 만들어지는 때이기도 합니다. 인성이 만들어지는 시기에 외국어를 배운다면, 당연히 그 외국어를 통해서도 올바른 말 교육과, 바른 인성을 배울 수 있어야 합니다. 올바른 인성을 갖추기 위해서는 올바른 언어 사용이 가장 중요합니다. 긍정적인 말은 긍정적인 생각으로, 예의 있는 말은 상대를 존중하는 태도로 이어지는 것처럼, 말은 아이의 생각과 삶의 태도로까지 이어집니다.

04

아이의 성격과
인성까지 책임지는
올바른 영어교육

영어 잘 하는 아이를 넘어 인성과 사회성을 갖춘 아이로

우리는 잉글리시에그라는 브랜드가 아이에게 외국어 교재 역할을 넘어, 아이가 인성을 갖추는 데 도움이 되는 좋은 선생님이 되길 바랐습니다.

교재를 기획하고 만들면서 아이들이 어떤 어른으로 자라야 할까 진심으로 고민했고, 잉글리시에그로 공부한 아이라면 세계 어디에서도, 누구 앞에서도 당당하게 말의 품격을 갖춘 사람으로 커나갈 수 있게 하겠다고 다짐했습니다.

창업 10년이 지난 지금까지도 영어 교재를 만드는 회사로써 '인성과 도덕성이 결정되는 영유아 시기의 아이들에게 올바른 가치관과 긍정적인 세계관을 갖게 하고 궁극적으로 좋은 인성, 도덕성을 심어주는 것'을 사명으로 삼고 있습니다.

긍정
Being Positive

협동
Cooperating

포용
Tolerating

격려
Encouraging

서로 돕고 나눔
Sharing & Helping

사회성
Sociality

'긍정, 협동, 포용, 격려, 서로 돕고 나눔' 이 다섯가지 키워드는 잉글리시에그의 구성원을 채용할 때도 동일하게 적용하는 인재상이기도 합니다. 그리고 그 다섯가지 키워드를 모두 갖출 때 아이들은 **사회성**을 갖출 수 있습니다. 이러한 **인성**과 **사회성**을 갖출 수 있는 어른이 되려면 아이에게 어떤 내용의 영어를 접하고, 어떤 영어식 사고 방식을 갖게 해야 할지, 어떤 말을 배우게 해야 할지 깊은 고민과 오랜 연구를 해왔습니다.

아이는 책을 읽고, 미디어를 보면서 캐릭터에 자신을 투영하는 특징이 있습니다. 잉글리시에그는 다섯가지 인성 키워드와 사회성을 바탕으로 교재의 스토리, 스토리 안에 등장하는 주인공의 성격, 그림, 음악 등 콘텐츠의 모든 요소를 치밀하게 계획하여 만들고 있습니다.
키워드를 하나씩 살펴볼까요?

영어 잘 하는 아이를 넘어 인성과 사회성을 갖춘 아이로

01 첫 번째 인성 가치, Being Positive 긍정

긍정적으로 사는 것이 건강에 좋다는 말이 있고, 긍정적이라는 말이 칭찬으로 통용되는 것을 보면, 긍정성은 사회적으로 좋은 가치로 꼽는 인성 중 하나입니다. 긍정적인 사람은 같은 상황 속에서도 스트레스를 덜 받고 삶의 만족도를 스스로 높여갈 수 있습니다. 긍정적인 시선으로 세상을 바라보는 사람과 부정적인 시선으로 세상을 바라보는 사람에게 세상은 완전히 다르게 보입니다. 긍정적인 사람은 같은 문제도 더 즐겁게 해결하고, 어려운 일도 용기 내 도전합니다.

'Being Positive 긍정성'은 아이들이 긍정적인 사람으로 자라면 좋겠다고 생각해 첫 번째 인성 가치로 꼽았습니다. 학문을 깊게 파기 위해서는 비판적 사고, 의문을 품는 태도가 필요할 때도 많지만 기본 성향이 긍정적이면 아이가 무엇이든 받아들일 준비가 되어 있을 수 있습니다. 잉글리시에그에서 영미권에서 전해져 내려오는 라임이나, 스토리를 바탕으로 아이가 긍정성을 배울 수 있는 스토리를 재구성하거나, 창작해 스텝을 나누어 교재를 만들고 있습니다. 몇 가지 스토리를 소개합니다.

<Penny's Perfect Painting>
잉글리시에그만의 스토리텔링

주인공 Penny는 미술 시간에 분홍색 물방울 무늬가 있는 보라색 강아지를 그려왔습니다. 그리고는 엄마에게 자신이 그린 그림을 자랑하는데, Penny의 엄마는 아이가 그린 보라색 강아지를 보고도 “아주 예쁜 그림이구나! 강아지 이름이 뭐니?”라며 칭찬해줍니다. 또한 아이의 상상력을 칭찬하며 한 번 더 긍정의 신호를 보내주지요. 그런데 아이는 엉뚱한 대답을 합니다. 이 강아지를 정말로 본 적이 있다고요. 여기까지 책을 읽은 부모님이라면, 그저 아이의 상상력이 남다르다고 생각하겠지만 잉글리시에그는 그런 생각을 한 번 더 뒤집었습니다. 실제 보라색 강아지가 존재한다는 아이의 손을 들어주며 책을 읽는 아이에게 긍정성을 심어주고 아이의 상상력에 자신감을 주었습니다.

긍정성을 배울 수 있는 주요 문장은?

“What a pretty painting! 아주 예쁜 그림이구나!”

“You have such an imagination! 넌 참 상상력이 뛰어나!”

“How peculiar! 정말 특이하구나!”

“How perfect! 정말 멋진걸요!”

영어 잘 하는 아이를 넘어 인성과 사회성을 갖춘 아이로

<Itsy Bitsy Spider>
잉글리시에그만의 스토리텔링

"거미가 줄을 타고 올라갑니다. 거미가 줄을 타고 올라갑니다~" 라는 노래를 아시나요? 이 노래와 비슷한 내용과 멜로디를 가진 외국어 라임이 바로 <Itsy Bitsy Spider>입니다. 이 라임은 손가락 율동으로도 유명합니다. 엄지와 검지를 이용해 거미가 기어가는 모습을 묘사하는 등의 몇 가지 율동이 있습니다.

잉글리시에그 또한 양손의 엄지손가락과 두 번째 손가락을 이용해 거미가 위로 올라가는 모습을 묘사한 율동을 개발했습니다. 위아래로 반복되는 동작이기에 아이들이 무릎을 굽혔다 폈다 하며 손가락 율동을 하다 보면 반경이 커지고, 손가락을 이어 나가는 행동을 놓치지 않으려고 의식하며 율동하는 짜임새 덕분에 대부분의 아이가 이 율동을 하며 노래하는 것을 참 좋아합니다.

유명한 라임인 만큼 이 라임을 활용한 교재들이 많은데요,
스토리는 모두 다릅니다. 잉글리시에그가 만든 스토리의 배경은 아이가 자전거를 처음 배우는 상황입니다. 대부분 어린 시절에 자전거를 배우기 시작하는데, 자전거 배우기는 아이가 생애 최초로 경험하는 용기 있는 도전 중 하나입니다. 자신의 무릎 높이보다 높은 커다란 바퀴 두 개 위에 앉아 균형을 잡고 앞으로 나아가는 일은 결코 쉽지 않습니다.

이 과정에서 넘어지고 다치는 일이 많아서 보통은 포기와 도전의 기로에 놓이게 됩니다. 잉글리시에그는 이렇게 아이에게 익숙한 상황을 설정해 <Itsy Bitsy Spider> 라임을 적용해보았습니다.

04

아이의 성격과
인성까지 책임지는
올바른 영어교육

영어 잘 하는 아이를 넘어 인성과 사회성을 갖춘 아이로

아이는 아버지가 자전거를 뒤에서 잡고 있다고 생각하고 자전거를 절대 놓지 말라고 말하지만, 아버지는 이미 자전거를 놓았다고 말합니다. 순간 아이는 쿵! 하고 넘어지고 아이는 이미 열 번이나 넘어졌다며 포기를 선언합니다.

이때 아버지는 아이에게 멀리 보이는 빌딩을 가리키며 온종일 빌딩 꼭대기층을 향해 배수구를 오르는 거미 이야기를 들려줍니다. 비가 오면 거미는 금세 빗물에 미끄러져 떨어지곤 하지만 포기하지 않고 오르고 올라 꼭대기 층까지 다다르고야 마는 거미 이야기에 아이는 감탄하고, 아이는 그 거미를 직접 보고 싶어 빌딩까지 자전거를 타고 가보겠다는 목표로 다시 용기를 냅니다. 몇 번을 넘어져도 꼭 거미처럼 해내겠다는 다짐을 하면서 말이죠. 우리가 <Itsy Bitsy Spider>를 통해 아이들에게 남겨주고 싶었던 메시지는 절대로 포기하지 말자는 것입니다.

단순히 라임을 배우기 위한 스토리를 만들 수도 있었지만, 긍정적인 태도로 용기를 가지고 도전하는 모습을 그리고 싶었습니다.
아이가 이 이야기를 읽고 보고 말하면 어느새 아이는 앞으로 마주하게 될 도전의 순간 스스로 **"I won't give up"** 말할 수 있기 때문입니다.

긍정성을 배울 수 있는 주요 문장은?

"Don't give up! 포기하지 말아라."

"You can do it! 넌 할 수 있어!"

"I will keep going! 계속해볼래요! "

"I won't give up! 포기하지 않을 거예요!"

영어 잘 하는 아이를 넘어 인성과 사회성을 갖춘 아이로

<Rain, Rain, Go away>
잉글리시에그만의 스토리텔링

지금은 잉글리시에그를 따라 브로드웨이 뮤지컬 배우에게 녹음을 맡기는 브랜드도 여럿 생겼지만, 당시에는 잉글리시에그가 최초였고 유일했기에 그러한 도전이 절대로 무모하지 않았다는 것을 느낄 수 있었습니다. 단순히 따라 하는 것만으로는 우리의 치밀한 기획과 연구를 반영하지 못할 것이라는 생각으로 지금도 좋은 퀄리티의 노래를 만들기 위해 꾸준히 노력하고 있는 만큼, 잉글리시에그의 노래를 좋아해 주는 부모님과 아이들이 많습니다.

그중 단연 인기가 많은 노래가 바로 <Rain, Rain Go away> 입니다. "Rain, Rain Go away~~" 라는 가사가 반복되는 즐겁고 상쾌한 멜로디에 율동까지 보고 나면 비가 오는 날에는 무조건 생각이 나고, 심지어 날씨가 맑은데도 흥얼거리게 될 만큼 기분 좋은 중독성이 있는 노래입니다.

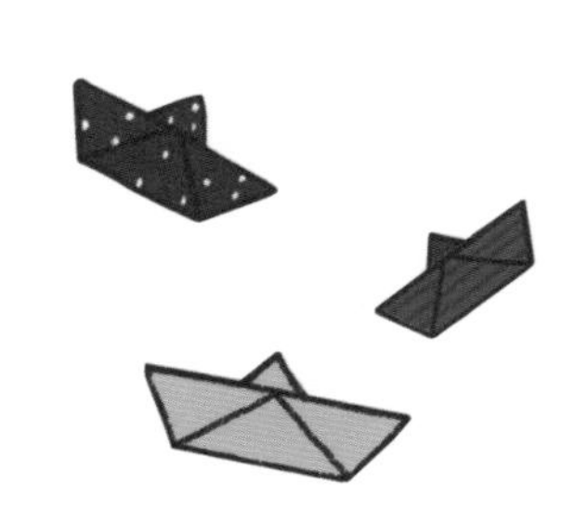

이 라임에는 어떤 스토리가 담겨 있을까요? 이야기는 좋은 아침, **"Good Morning"**으로 시작합니다. 밖에 나가 놀고 싶은 어린 소년은 누나에게 비가 가버렸으면 좋겠다고 말합니다. 종이배를 갖고 나가서 놀고 싶어하는 소년에게 누나는 종이배를 접는 법을 알려주고, 집안에서 신나게 놉니다. 소년이 그래도 밖에 나가고 싶어 하자, 누나는 우비를 입고 나가면 비를 안 맞고 종이배를 띄우며 놀 수 있다고 말해주었고, 둘은 우비를 입고 밖으로 나가 신나게 놉니다.
비가 오는 상황에서도 스스로 즐거움을 찾고, 궂은 날씨에도 아랑곳하지 않고 밖으로 나가 재미있게 노는 모습을 통해 긍정성을 배울 수 있도록 만든 스토리입니다.

일이 계획대로 되지 않을 때 남 탓을 많이 하는 사람들이 있습니다. 누구 탓, 날씨 탓, 연장 탓 등 말이죠. 하지만 그런다고 일이 해결되지는 않습니다. **<Rain, Rain Go away>**를 접한 아이만큼은 어떤 상황에서도 긍정적으로 즐겁게 문제해결을 해 나갈 줄 아는 어른으로 자라면 좋겠습니다.

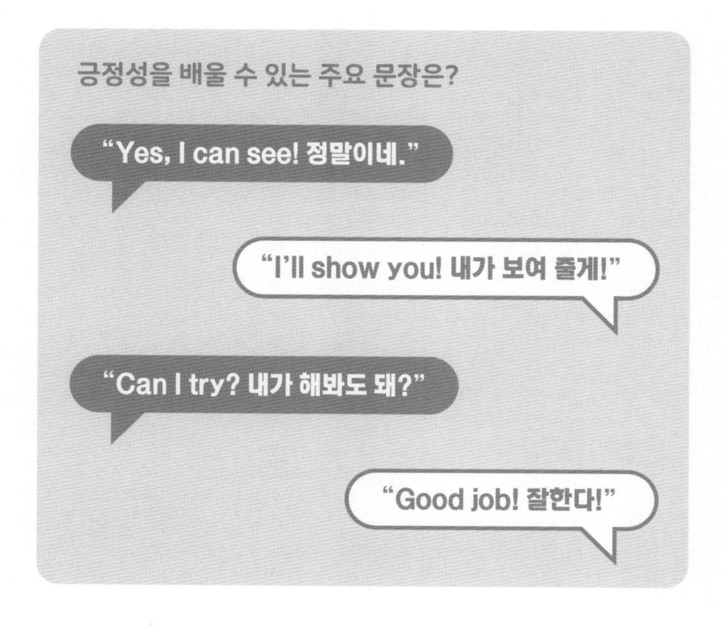

영어 잘 하는 아이를 넘어 인성과 사회성을 갖춘 아이로

02 두 번째 인성 가치, Cooperating 협동

혼자서 할 수 있는 일에는 한계가 있습니다.
학생 때 공부는 혼자 하는 것이었지만, 성인이 되어 일을 하거나 육아를 할 때는 혼자 할 수 있는 일이 별로 없습니다. 대부분의 일은 누군가와 함께 해야 해낼 수 있는 것들이죠.
세상에는 어려운 일이 많고 그런 일들 대부분은 여럿이 힘을 합칠 때 해낼 수 있기에 어릴 때부터 협동의 중요성을 깨닫고, 협동의 힘을 배우는 것은 반드시 필요합니다.

미국에서는 오래전부터 대학 입시에 타인과 얼마나 잘 지낼 수 있고, 얼마나 협동할 줄 아는지를 중요하게 보고 있습니다. 협동 능력을 보는 이유는 좋은 학습 능력과 높은 학력만으로는 좋은 리더가 될 수 없기 때문입니다.

혼자 가면 빨리 가지만, 함께 가면 멀리 간다는 말처럼 아이가 인생의 목표를 더 크게 갖고 꿈을 이룰 수 있도록 좋은 동반자와 함께 협동하는 방법과 협동해야 하는 이유를 가르쳐 보세요. 여기, 협동의 의미를 담아 만든 스토리를 소개해 드립니다.

<Stuck in the mud>
잉글리시에그만의 스토리텔링

<Stuck in the mud>는 함께 힘을 합쳐 목표를 이루고 성취하는 과정을 그려낸 스토리입니다. 특히 누군가에게 문제가 생길 때 먼저 나서서 도울 줄 알고, 만약 자신에게 도움이 필요한 상황일 때도 도움을 청하고, 도움을 고맙게 받는 자세도 필요하다는 것을 보여주는 스토리입니다.

04

아이의 성격과
인성까지 책임지는
올바른 영어교육

영어 잘 하는 아이를 넘어 인성과 사회성을 갖춘 아이로

스컹크가 몰던 트럭이 진흙탕에 빠집니다.
그러자 물소와 오리, 어린 호랑이가 도와주겠다고
달려왔지만 스컹크는 스스로 할 수 있다고 괜찮다며
거절합니다. 그래도 스컹크를 돕기 시작하는 친구들.
물소는 머리와 뿔을 이용해 트럭을 꺼내 보려 하지만
역부족입니다. 스컹크는 "거봐, 안 될 거야"라는 표정을
지으며 스스로 트럭을 꺼낼 수 있다는 자신감으로 가득
차 있죠. 오리도 삽을 가져와 열심히 진흙을 퍼냅니다.
하지만 역시 트럭은 꼼작도 안 합니다.
이번엔 어린 호랑이가 와서 점프도 하고 발로 트럭을
밀어 움직여보려 하지만 스컹크는 이번에도
안 될 거라는 표정으로 자신이 혼자 하면 된다고
말합니다. 친구들이 모두 손을 떼고 혼자 트럭을
빼내기 시작하는 스컹크. 결과는 어땠을까요?

의기양양했던 태도와 달리 스컹크도 트럭을 빼내지 못합니다.
결국 모두에게 도움을 요청하고, 함께 트럭을 빼내는 데 성공합니다.
그런데 다 함께 힘을 합쳐 트럭을 빼낸 후의 장면은 반전입니다.
고맙다고 말하며 포옹을 요청한 스컹크는 방귀를 뀌고, 고약한
방귀 냄새에 친구들이 코를 막는 익살스러운 장면으로 끝이 납니다.

아이가 자주 가지고 노는 트럭 장난감, 진흙, 그리고 말만 들어도
깔깔거리며 웃는 방귀까지. 아이들이 좋아하는 소재로 협동도 배우고
웃음도 나게 하는 즐거운 스토리입니다.

협동을 배울 수 있는 주요 문장은?

"I'll help! 내가 도와줄게!"

"I do need help. 도움이 필요해."

"We must work together. 우리 힘을 합쳐야해."

"Thank you buddies. 친구야 고마워."

"Let's hug. 안아줄게."

영어 잘 하는 아이를 넘어 인성과 사회성을 갖춘 아이로

<Stone Soup> 잉글리시에그만의 스토리텔링

<Stone Soup>은 제목 그대로 돌멩이 수프를 만드는 이야기입니다. 독일, 프랑스, 헝가리, 러시아 등 여러 유럽 국가에서 조금씩 다른 버전으로 전해져 오는 구전 동화죠. 돌멩이로 수프를 만든다고요? 참 이상하죠? 어쩌다 돌멩이로 수프를 만들게 되었을까요?

전해져 내려오는 스토리는 이렇습니다. 배고픈 나그네 두 명이 한 마을에 이르러 음식을 구하지만, 선뜻 음식을 내주는 사람은 없었습니다. 그러자 두 나그네는 돌멩이 하나와 물만 넣고 수프를 끓이기 시작합니다. 무언가를 만드는 나그네의 모습에 호기심을 품은 사람들이 모여들자 두 나그네는 돌멩이 수프를 만드는 중이라며 마늘과 소금, 후추만 있으면 훨씬 나은 수프가 될 것이라고 말합니다. 그러자 사람들은 마늘, 소금, 후추를 가져왔고 제법 맛있는 냄새를 풍기게 됩니다. 이번에는 더 많은 사람이 모여들었고, 나그네가 토마토와 샐러리를 넣어야 한다고 말하자 누군가가 재빠르게 이 채소를 가져다줍니다. 수프가 먹음직스러운 색깔을 띠자 더 많은 사람이 몰려왔고, 나그네 둘은 양배추, 양파, 끝내 커다란 닭까지 구해 수프를 완성합니다.

영어 잘 하는 아이를 넘어 인성과 사회성을 갖춘 아이로

협동해서 만든 이 맛있는 돌멩이 수프를 동네 사람들이
모여 함께 먹는 것으로 이야기는 끝이 납니다.
협동이 모두를 행복하게 만든 것이죠.
이 이야기를 본 아이는 돌멩이 수프를 만들고 싶어 하는
경우가 많다고 해요. 친구, 가족이 모였을 때
Stone Soup 노래를 틀어 놓고 소금, 후추, 마늘,
양파 등을 하나씩 추가하며 요리를 해보면 저절로
협동의 힘과 요리의 즐거움까지 배우게 될 것입니다.

우리가 이 스토리를 활용해 교재를 만들 때 특히
신경 썼던 부분은 음악과 화풍입니다.
하나하나 완성해가는 짜릿함을 극대화하기 위해
발랄한 선율의 음악을 넣고 중간중간 리듬을 끊어
노래를 확장해 나갔습니다. 특히 나그네가 마을 사람과
함께 "Stone Soup"을 합창하는 부분을 강조해 중독성
강한 매력을 만들어냈습니다.
화풍 또한 이야기 배경에 맞춰 중세 유럽의 분위기를
따뜻하고 정감있게 표현했습니다. 우리는 아무도
가본 적 없는 중세 유럽이지만, 그림과 음악을 듣다 보면
어느새 부모도 아이도 마을 주민이 되고, 나그네가 되어
함께 합창하고 있게 될지도 모릅니다.

협동성을 배울 수 있는 주요 문장은?

"I'll help! 내가 도와줄게!"

"I will get the water, and you get the stone.
내가 물을 가져올게. 넌 돌멩이를 가져와."

"What are you doing? 뭘 하는 거요?"

"What are you making? 뭘 만드세요?"

"Now we just have to wait.
이제 기다리기만 하면 돼요."

"Everybody's help. 모두의 도움으로요!"

영어 잘 하는 아이를 넘어 인성과 사회성을 갖춘 아이로

<Little Bo Peep>
잉글리시에그만의 스토리텔링

우리는 살면서 크고 작은 문제를 만날 수밖에 없고, 해결해 나가야 합니다. 혼자서 해결할 수 있는 문제도 있지만, 모든 문제가 쉽고 간단한 것만은 아니기에 함께 해결해야만 하는 경우도 있습니다. 어른이 된 우리조차, 종종 혼자 해결하기 어려운 난관에 부딪히고 그럴 땐 주변 사람과 힘을 모아 해결합니다. 무엇이든 혼자보다 함께가 쉽고, 함께 해주는 사람이 가족이라면 더욱 든든하고 따뜻한 마음이 듭니다.

<Little Bo Peep>도 이런 의미를 담은 이야기입니다.
우리는 이 이야기를 통해 모두 함께 힘을 합치면 어떤 어려움도
이겨낼 수 있다는 메시지를 전하고 싶었습니다.

귀여운 양들과 함께 여기저기 돌아다니며 노는 것을 좋아하는
Little Bo Peep은 오늘도 재미있게 놀다가 집으로 돌아왔는데
무언가 허전합니다. 알고 보니 양들이 안 보이는 거예요.
양들을 모두 잃어버리고 혼자 집으로 왔다는 사실을 깨닫게 된
Little Bo Peep은 시무룩해져 버리고 맙니다.

이런 Little Bo Peep을 본 아빠는 함께 차근차근 생각해 보자며
양들과 어디에서 무엇을 했는지 물어보았고, Little Bo Peep은 다행히
양들과 숨바꼭질을 했다는 것을 기억해 냅니다.
이제 다시 찾아가 양들을 찾을 수 있게 된 Little Bo Peep을 보며
아이는 어떤 어려움도 함께 차근차근 시도하면 해결해낼 수 있다는
것을 배울 수 있습니다.

영어 잘 하는 아이를 넘어 인성과 사회성을 갖춘 아이로

그런데 주인공의 이름은 왜 Bo Peep일까요? Little Bo Peep에 대한 뚜렷한 역사적 배경은 밝혀지지 않았지만, 그나마 유력하게 밝혀진 한 가지 설은 Bo-Peep이라는 단어가 16세기경 아이들이 즐겼던 놀이 중 하나라는 설입니다. 숨바꼭질과 비슷한 놀이인데, 얼굴을 손으로 가리고 있다가 살짝 엿보는 재미를 이용한 놀이입니다.

우리나라 아이들이 숨바꼭질하거나 몰래 숨어있다가 갑자기 등장하면서 "까꿍!"이라고 말하는 것과 비슷한 모습입니다. 당시에는 이런 놀이를 할 때 "Bo-Peep!"이라고 말했다고 합니다. 그러고 보니, 아이들은 오래전에도 지금도 숨었다가 나타나는 행동을 짜릿한 즐거움으로 여기는 것 같습니다.

협동성을 배울 수 있는 주요 문장은?

"Let's Think. 같이 생각해보자."

"Then? 그 다음엔?"

"Let's go and find them. 같이 가서 찾아보자."

영어 잘 하는 아이를 넘어 인성과 사회성을 갖춘 아이로

03 세 번째 인성 가치, Tolerating 포용

포용력은 타인을 이해하고 감싸는 태도입니다. 포용력이 있어야 그만큼 타인의 포용도 받을 수 있습니다. 아이가 따뜻한 사람으로 성장한다면 아이의 삶도 그만큼 따뜻해집니다.

또 다른 이유는, 좋은 지도자의 자질 중 하나가 포용력이기 때문이죠. 모두가 지도자가 되어야 하는 것은 아니지만, 아이가 먼 훗날 리더의 자리에서 능력을 펼쳐 나가고자 한다면 어릴 때부터 키워 온 포용력이 장점으로 발휘될 수 있습니다.

타인의 마음에 공감하고, 생각을 헤아릴 줄 아는 사람, 입장을 바꾸어 생각해 보는 여유가 있는 사람, 타인의 흠결까지 감싸주는 사람 곁에는 언제나 좋은 사람들이 함께 합니다. 이런 이유로 잉글리시에그는 포용력을 세 번째 인성 가치로 꼽았고, 아이들이 이 따뜻한 의미를 간접적으로나마 배울 수 있도록 교재를 만들고 있습니다. 그럼, 포용력을 담은 이야기를 함께 볼까요?

<A Pig's Kiss>

잉글리시에그만의 스토리텔링

포용이란 상대방의 흠결까지 감싸주고 사랑해줄 수 있는 마음입니다. 그리고 소외된 친구를 감싸줄 수 있는 마음이기도 하죠. 아이들은 때때로 차별에 민감하기도 합니다.
이야기 하나를 볼까요? 농장에 사는 아이는 젖소가 우유를 내주자 젖소에게 칭찬과 뽀뽀를 해줍니다. 이 모습을 본 돼지는 자신도 칭찬과 뽀뽀를 받기 위해 우유를 만들려고 하지만, 만들지 못하고 결국 어리석다는 말만 듣습니다.

이번에는 닭이 병아리를 낳고 아이에게 칭찬과 뽀뽀를 받자 돼지는 바로 닭장에 들어가 병아리를 낳으려고 시도합니다. 하지만 아무것도 나오지 않았고, 이번에도 아이는 어리석다며 돼지를 놀립니다. 양털을 주는 양에게도 칭찬과 뽀뽀를 아끼지 않는 아이를 본 돼지는 양털을 몸에 붙입니다. 하지만 이번에도 역시 끝까지 칭찬도 뽀뽀도 받지 못하던 돼지는 사랑스러운 윙크를 합니다. 아이는 그런 돼지가 귀엽고 사랑스럽다며 드디어 칭찬과 뽀뽀를 해줍니다.

누군가에게 사랑받기 위해, 칭찬받기 위해 나에겐 없는 다른 사람의 장점을 따라하기보다, 아이가 나만의 장점, 나만의 매력을 살리고 보여줄 수 있기를, 높은 자존감으로 자신을 사랑하고 타인을 사랑으로 포용해 줄 수 있기를 바라봅니다.

영어 잘 하는 아이를 넘어 인성과 사회성을 갖춘 아이로

<Ring-a-Ring O' Rose> 잉글리시에그만의 스토리텔링

아이는 종종 어른들이 상상도 못 할 만큼 귀엽고
사랑스러운 모습을 보여줄 때가 있습니다.
아마도 언제나 순수하고 따뜻한 마음 그대로 말하고
행동하기 때문이 아닐까요?

그런 아이들의 사랑스러운 모습을 Ring-a-Ring O'Rose
라는 라임에 붙여보았습니다. 이 라임은 아이들이
손을 잡고 둥글게 모여 부르는 라임입니다.
사실 이 라임의 배경에 대해 많은 사람이 관심을 갖고
있습니다. 1600년대 영국과 유럽에서 기승을 부렸던
페스트와 관련이 있다는 추측 때문이죠. 라임의 가사인
Rose는 붉은 발진을 뜻하고, Poise는 병을 방지하기
위해 가지고 다니던 약초 다발, A-tishoo는 병의 증상인
재채기라는 주장이 그것입니다. 반대로 이 라임은
페스트와 전혀 관계가 없는 단순한 운율일 뿐이라는
추측도 있습니다.

이 라임이 처음 실린 책은 영국의 화가이자 그림책 작가인 Kate Greenway가 1981년 발간한 <Mother Goose>인데 이 가사가 17세기에 발생한 대역병에서 유래되었다고 보기에는 너무 오랜 시간이 흘렀다는 이유 때문입니다. 여러 추측이 있지만, 분명한 건 이 라임은 현시대의 아이들, 또는 가족과 함께 즐겁게 부르는 너서리 라임 중 하나라는 것입니다. 그래서 우리는 이런 배경에 대한 다양한 추측에 집중하기보다, 마지막 가사 **'We all get up again 우리 모두 다시 일어나네'**를 모티브로 아이들이 서로를 이해하고 감싸주는 모습이 담긴 따뜻한 이야기를 창작했습니다.

여기, 아이들이 함께 가꾼 정원이 있습니다. 예쁜 꽃들이 옹기종기 심어져 있는 정원이죠. 아이들은 꽃이 조금이라도 손상될까 봐 향기를 맡을 때조차 조심스러워합니다. 그런데 누군가 크게 재채기를 합니다. 그러자 꽃잎이 조금 날아가 버립니다. 아이들은 아쉬워하며 재채기할 때는 입을 가리기로 약속합니다. 그런데 이번에는 토끼가 다가와 꽃을 먹으려고 합니다. 아이들은 토끼를 위협하거나 다치게 하며 쫓아낼 수도 있었겠지만, 토끼가 놀라지 않고 떠날 수 있는 착한 방법을 생각해냅니다. 바로 친구들과 손을 맞잡고 꽃 주변을 둥글게 도는 것이죠. 그러자 토끼는 하나둘 도망갔고, 아이들은 효과가 있다며 계속해서 즐겁게 꽃 주변을 돕니다.

정말 사랑스럽지 않나요? 꽃을 보호하겠다는 마음 하나로 손을 맞잡은 아이들의 우정도, 토끼가 자연스럽게 떠날 수 있도록 방법을 생각하고 시도하는 아이들의 포용력도 정말 따뜻해서 아이들이 이런 마음을 오래도록 간직하며 살면 좋겠다는 생각이 듭니다.

영어 잘 하는 아이를 넘어 인성과 사회성을 갖춘 아이로

<Milton Hershey>

잉글리시에그만의 스토리텔링

혹시 초콜릿 좋아하세요? 아이뿐 아니라 어른도 좋아하는 간식 중 하나가 바로 초콜릿인데요, 초콜릿을 좋아하지 않는 사람도 '허쉬'라는 브랜드는 알 거예요. 허쉬 브랜드의 창업자 밀튼 허쉬는 세상에서 가장 달콤한 곳으로 불리는 도시이자 캔디 왕국인 허쉬를 건설했고, '사람은 타인을 행복하게 해주는 만큼 행복하다'라는 명언을 남기기도 했습니다.

세계적으로 유명한 브랜드 허쉬는 어떻게 만들어진 걸까요?
사실 밀튼 허쉬는 야심차게 사탕 사업을 시작했지만, 두 번이나
실패했었습니다. 한 번도 아니고 두 번이나 실패했지만 포기하지 않고
도전할 수 있던 바탕은 무엇이었을까요?

밀튼 허쉬의 꿈이나 성향 등 여러가지 요인이 있겠지만,
밀튼 허쉬의 어린 시절에서도 그 단서를 찾을 수 있습니다.
우리는 밀튼 허쉬의 어린 시절을 **When They Were Young**이라는
유명인의 어린 시절을 담은 교재 시리즈에 담았습니다.
잠시 밀튼 허쉬의 어린 시절을 엿보러 갈까요?

12살에 학교를 그만두게 된 밀튼 허쉬는 어느 날 사탕을 만드는
로이어 사장님을 보고 사탕을 만들고 싶다는 꿈을 갖게 됩니다.
어렵게 로이어 사장님의 사탕 가게에 취업하게 된 밀튼 허쉬.
그런데 사장님은 사탕 만들기가 아닌 청소만 시킵니다.
청소가 지겨웠지만, 인내심을 갖고 기다린 밀튼 허쉬는 어느 날부터는
땅콩을 볶는 일로 진급을 하게 됩니다. 하지만 땅콩 볶는 일보다
사탕을 만들고 싶었던 그는 너무 지루한 나머지 길 건너 공연을 보러
갔다가 그만 땅콩을 태워버리고 맙니다. 땅콩 타는 냄새가 온 동네에
퍼지자 그때서야 상황을 알게 된 밀튼 허쉬와 로이어 사장님.
밀튼 허쉬는 그 자리에서 쫓겨났을까요?

영어 잘 하는 아이를 넘어 인성과 사회성을 갖춘 아이로

다행히도 로이어 사장님은 밀튼 허쉬에게 '왜 바로 사탕을 만드는 일을 시키지 않았는지, 사탕을 만들 준비가 아직 안 된 이유를 스스로 생각해보고 그 이유를 깨닫게 되면 그때 사탕을 만들게 해주겠다'고 약속합니다. 로이어 사장님의 포용력 덕분에 밀튼 허쉬는 사탕 만드는 일을 차근차근 배우게 되었고, 먼 훗날 세계 최대의 캔디 회사를 만들었습니다. 이때 만약 밀튼 허쉬가 쫓겨나 다른 일을 하게 되었다면, 아마 우리는 허쉬라는 브랜드를 못만나지 않았을까요?

When They Were Young은 다른 위인전과 다르게 만들고 싶었습니다. 인물의 생애와 업적을 강조하기 보다, 그들의 어린 시절에 있었던 흥미로운 에피소드나 결정적인 순간을 강조해 스토리를 들려주고 싶었습니다. 그리고 아이가 인물의 삶 속에 들어가 함께 경험하고 깨달으면 좋겠다고 생각했습니다.

짧지만 강렬하고 생생한 에피소드 하나에 집중한 결과, 지금까지 없었던 새로운 방식의 위인전이 탄생했습니다. 또한 시대, 분야, 성별에 대한 편견 없이 골고루 인물을 선정했습니다. 아이가 이 시리즈를 통해 특정 인물에 관심을 두게 된다면, 이 책이 아닌 다른 책이나 자료를 통해서 인물의 생애를 더 찾아볼 것이기 때문에 한 권으로 모든 것을 전달할 필요는 없다고 생각했습니다. 이 시리즈를 통해 아이들이 꿈을 더욱 다양하게 열어 두길 진심으로 바랍니다.

포용력을 배울 수 있는 주요 문장은?

"You must be patient. 인내심을 가져야 한단다."

"That's fantastic. 멋져요."

"If you were rich, how would you help people? 만약 네가 부자라면, 어떻게 사람들을 돕겠니?"

영어 잘 하는 아이를 넘어 인성과 사회성을 갖춘 아이로

04 네 번째 인성 가치, Encouraging 격려

삶을 살아가면서 꼭 필요한 것 중 하나가 누군가로부터 받는 격려입니다. 아이, 어른 모두 누군가의 지지를 얻고, 칭찬을 받고, 격려를 받는 것은 앞으로 나아가는 힘이 되어 주기 때문입니다. 어려운 순간, 우리의 등을 힘껏 밀어주는 것은 의외로 격려가 담긴 한 마디일지도 모릅니다. 누군가에게 받은 작은 격려가 때로는 큰 어려움을 이겨 낼 용기와 희망이 되기도 합니다. 이렇게 주변으로부터 격려를 얻고, 또다시 누군가에게 격려를 돌려줄 수 있는 사람이라면 정말 멋지지 않을까요?

우리 아이들 한 명 한 명이 그렇게 성장한 모습을 그려보면, 먼 훗날의 세상은 지금보다 더욱 살 만한 것이라는 기대를 하게 됩니다. 그런 의미에서 격려를 중요한 인성 가치로 선정했습니다. 잉글리시에그는 어떤 스토리로 아이에게 **'격려'**를 알려줄까요?

<Daddy, Please>
잉글리시에그만의 스토리텔링

아빠가 새 자전거를 사주어서 아빠에게 자전거 타는 법을 배우러 밖으로 나온 아이의 이야기입니다. 어렸을 적 자전거를 배울 때 참 두려웠지만 뒤에서 잡아주는 사람이 "걱정마, 내가 꼭 잡고 있어"라는 말 한 마디에 안심했던 기억은 누구나 있지요. 책 속 주인공 남자 아이도 언제나 옆을 지켜주는 아빠의 모습 속에 힘을 얻고 자전거 타는 재미에 푹 빠져 즐거운 시간을 보냅니다.

격려을 배울 수 있는 주요 문장은?

"Don't worry. 걱정하지마."

"That's what daddies always do!
언제나 아빠가 하는 일이란다."

영어 잘 하는 아이를 넘어 인성과 사회성을 갖춘 아이로

<Yes, You Do!>

잉글리시에그만의 스토리텔링

아이 스스로의 힘으로 무언가를 해야할 때 부모님이 해주는 격려는 큰 힘이 됩니다. 이 책에서는 아직 어리광을 피우고 싶고 엄마,아빠의 도움을 받고 싶지만 격려를 통해 혼자 해내는 모습을 보여주는 스토리를 담았습니다. 혼자 옷을 입고, 양말을 신고, 신발을 신는 과정에서 하기 싫고 힘들지만 격려를 받아 스스로 해내는 모습을 보며 격려의 힘을 느끼고 누군가를 격려할 수 있는 아이가 되지 않을까요?

격려을 배울 수 있는 주요 문장은?

"Yes, you do. 넌 할 수 있단다."

<Humpty Dumpty>
잉글리시에그만의 스토리텔링

불가능함에 가까운 일이 가능해지는 순간을 우리는 '기적'이라고 부릅니다. 흔치 않은 기적의 순간은 어떻게 만들어질까요? 말로 설명할 수도, 과학적으로 설명이 불가능할 수도 있습니다만, 여기 '격려의 힘' 하나로 기적이 만들어지는 이야기도 있습니다.

주인공 Humpty는 '알'입니다. 아직 깨어나지 못한 알이죠. 그런 Humpty는 날고 싶다는 꿈을 갖고 매일 담벼락에 올라갑니다. 하지만 번번이 실패하고 결국 알에 금이 가기만 합니다. 그런 Humpty에게 왕은 매일 내려오라고 말하지만, Humpty는 자신도 날 수 있다며 계속 시도합니다. 하지만 왕비는 그런 Humpty를 보며 아낌없는 격려를 보냅니다. 왕비의 격려 덕분에 Humpty는 마지막 시도를 할 용기를 얻게 되었고, 마침내 알을 깨고 나와 훨훨 나는 새의 모습을 보여줍니다. 아주 행복하고 즐거운 모습으로요.

'Humpty Dumpty'의 뜻을 찾아보면 담벼락에 떨어져 깨진 계란이라고 나옵니다. 하지만 알이 그대로 깨져 버리기보다, 알을 깨치고 나와 훨훨 나는 놀라운 반전을 아이들에게 그려주고 싶었습니다. 이 반전을 가능케 한 힘은 혼자만의 노력이 아닌, 격려의 힘이 보태졌기 때문이라는 것을요. 힘들 때 웃을 수 있는 사람이 일류라는 말처럼, 아이들이 어떤 세상 속에서도 웃으며 서로에게 격려하는 어른으로 자라길 기대합니다.

영어 잘 하는 아이를 넘어 인성과 사회성을 갖춘 아이로

<The Three Billy Goats Gruff> 잉글리시에그만의 스토리텔링

도무지 해결할 길이 보이지 않는 문제라도,
서로 격려하면서 머리를 맞대다 보면 혼자서는 생각하지
못했던 해결책이나 지혜를 발견하게 됩니다.
노르웨이 구전동화에도 이런 이야기가 있는데요,
바로 <The Three Billy Goats Gruff> 입니다.

염소 삼 형제는 풀이 바닥나자 풀을 구하기 위해 강 반대편으로 갑니다.
그런데 큰 문제 하나 때문에 쉽게 강을 건널 수 없었습니다.
다리 밑에 있는 괴물, 트롤 때문이었죠.

풀도 구해야 하고, 트롤도 무서운 염소 삼 형제는 과감하게 풀을 구하기 위해 다리 위에 올라섭니다. 트롤은 염소 삼 형제에게 잡아먹겠다며 위협을 합니다. 염소 삼 형제는 서로에게 격려와 용기를 보내며 지혜를 발휘합니다. 가장 작은 염소가 다리를 건널 때 트롤이 위협하자,
조금만 기다리면 더 큰 염소가 나타나 좋은 저녁거리가 되어줄 거라고 말합니다. 그 말을 들은 트롤은 작은 염소를 보내줍니다.
그리고 다음 염소가 나타났을 때, 트롤은 염소를 잡아먹으려고 합니다.
그러자 염소는 자기 뒤에는 더 커다란 염소가 있다며 더 좋은 저녁거리가 되어 줄 거라고 말합니다. 트롤은 이번에도 염소를 보내주고 더 큰 염소를 기다립니다.

정말로 나타난 커다란 염소. 그런데 이 염소의 크기는 트롤만큼이나 커서 트롤과 정면 박치기를 하고, 결국 트롤을 무찌릅니다.

영어 잘 하는 아이를 넘어 인성과 사회성을 갖춘 아이로

서로를 믿고 의지할 누군가가 곁에 있다는 것, 그리고 서로에게 격려를 보낸다는 것이 얼마나 큰 힘을 갖고 있는지 아이가 이 스토리를 통해 깨달을 수 있다면 좋겠습니다.

잉글리시에그는 이 이야기를 전할 때 특히 표정 변화를 보여주는
것에 집중했습니다. 몸집이 다른 염소 형제가 각각 다른 특징으로
묘사되도록 했고, 트롤이 막내 염소를 위협할 때는 한껏 과장하여
크게, 가장 큰 첫째 염소와 대적할 때는 비슷한 크기로 그려서
아이가 이야기의 흐름을 따라가기 쉽게 했습니다.
덕분에 아이들은 영어 문장을 하나하나 이해하지 못해도,
스스로 이야기의 흐름을 그려보고 상상할 수 있습니다.

격려을 배울 수 있는 주요 문장은?

"But we have to go. 하지만 우리는 가야 해."

"I'll go first. 내가 먼저 갈게."

"Okay, I will let you go. 알겠다. 너를 보내 주마."

영어 잘 하는 아이를 넘어 인성과 사회성을 갖춘 아이로

05 다섯 번째 인성 가치, Sharing & Helping 서로 돕고 나눔

앞서 말씀드린 긍정성, 협동, 포용력, 격려는 서로 돕고 나누는 인성으로 완성됩니다. 긍정적이고 협동할 줄 알고 포용력 있으며 격려할 줄 아는 아이라면 당연히 서로 돕고 나눌 줄도 알 것이라고 생각합니다.
자신이 가진 재능이나 물질을 나눌 줄 알고,
누군가 도움을 요청할 땐 기꺼이 돕고,
또 도움이 필요할 때는 주변으로부터 도움을
받을 줄도 알아야 한다고 생각합니다.

도움을 많이 주면서 정작 자신이 도움이 필요할 땐 아무에게도 말하지 못하고 끙끙대는 사람도 있습니다. 민폐를 끼친다는 생각때문이겠지만, 세상은 혼자 살아갈 수 없기에 필요할 땐 도움을 받기도 하고 다시 누군가를 도우며 고마움을 돌려줄 수 있어야 합니다. 그래야 세상에 나눔과 도움이 돌고 돌아 더욱더 살만해지지 않을까요?
늘 도움을 주기만 하는 아이도, 늘 도움을 받기만 하는 아이도 아닌, 함께 하는 아이, 함께 할 줄 아는 어른이 되길 바라는 마음을 담았습니다.
서로 돕고 나눔에는 어떤 이야기들이 담겨 있을까요?

<Zack the ZooKeeper>
잉글리시에그만의 스토리텔링

<Zack the Zookeeper>는 서로 돕고 나누는 태도뿐만 아니라, 제목처럼 Z 음가를 많이 노출하는 책입니다. 주인공 잭은 동물을 돌보는 사육사인데, 언제나 지그재그(zigzag)로 달리는 특징이 있습니다. 이 이야기는 날씨가 좋지 않은 날 동물원에서 일어나는 일을 보여줍니다.

잭은 눈보라가 올 것 같은 날씨면 동물을 눈보라로부터 보호하고 도와줄 준비를 합니다. 날씨가 추워 연못이 얼면 드라이기로 연못을 녹여 악어가 편안하게 돌아다닐 수 있도록 돕죠. 추운 날씨엔 침팬지들을 불러 모아 몸을 녹일 수 있는 따뜻한 불을 만들어주기도 하고, 가젤에게는 포근한 옷도 입혀줍니다. 무늬가 안 보일 정도로 얼룩말 몸에 수북이 쌓인 눈도 걷어주고요. 잭은 이렇게 바쁘게 동물을 돕고 난 뒤에 모든 동물이 들을 수 있도록 크게 소리쳐 확인합니다. "다들 괜찮냐"고 말이죠. 언제나 위험에 미리 대비하고 동물원에 있는 동물이 한 마리도 소외되거나 다치지 않도록 확인하는 잭. 덕분에 동물들은 어떤 상황에서도 안전하고 편안하게 지낼 수 있습니다.

영어 잘 하는 아이를 넘어 인성과 사회성을 갖춘 아이로

아이는 이 스토리를 보면서 '눈이 와서 연못이 얼면 악어는 어떻게 될까', '추운 날 동물은 어떻게 버틸까?' 라는 생각을 하면서, 평소에는 그냥 지나쳤던 것을 세심하게 관찰하고 주변에 도움의 손길이 필요하지 않은지 생각해보는 태도를 배우게 됩니다.

돕고 나누는 태도를 배울 수 있는 주요 문장은?

"Helping the zoo animals is what I do!
동물원 동물을 돕는 게 내가 하는 일이야!"

"I must help all the animals.
나는 모든 동물을 도와줘야해."

"Thank you, Zack! 잭, 고마워!"

"We are okay! 우리는 괜찮아!"

영어 잘 하는 아이를 넘어 인성과 사회성을 갖춘 아이로

<Baa, Baa, Black Sheep> 잉글리시에그만의 스토리텔링

대부분의 아이가 동물을 좋아합니다. 그런데 아이들은 종종 동물이 인간을 위해 이용되기만 하는 이야기를 접합니다. 단순히 영어 문장을 배우는 목적만 있다면 아무 생각 없이 지나칠 수도 있는 이야기지만, 그런 이야기를 통해 영어를 배운 아이는 마치 동물은 인간을 위해 이용해도 상관없는 존재라는 오해를 하게 될 수도 있습니다.

그렇기 때문에 잉글리시에그는 **<Baa, Baa, Black Sheep>**이라는 유명한 마더구스에 잉글리시에그의 창작 스토리를 더했습니다. 마더구스에서는 양이 사람을 위해 자신의 털을 모두 내어주지만, 잉글리시에그의 **Baa, Baa, Black Sheep**의 결론은 다릅니다.

어느 날 검은 양 세 마리가 사람들을 따뜻하게 해주려고 양털 세 자루를 들고 마을로 내려왔습니다. 양들은 한 자루는 신사에게, 한 자루는 부인에게, 마지막 한 자루는 소년에게 나눠줍니다. 신사는 양털로 코트를 만들었고, 부인은 양털 스커트를 만들어 입습니다.
그럼 소년은 그 양털로 무엇을 만들었을까요? 고민하던 소년은 양털로 옷을 만들어 양들에게 입혀줍니다. 자신이 추운 만큼 양들도 추울 거라고 생각했기 때문이죠. 양털을 입은 양들은 따뜻한 옷을 입은 소년과 함께 눈이 오는 날 밖으로 나와 겨울을 즐깁니다.

이 스토리를 접한 아이는, 동물을 대할 때, 다른 아이보다 조금 더 진심으로 동물을 아끼고 사랑해줄 수 있지 않을까요? 동물은 인간과 함께 오래도록 살아갈 좋은 반려자, 친구라는 것을 아이는 오래도록 기억할 것입니다.

영어 잘 하는 아이를 넘어 인성과 사회성을 갖춘 아이로

<The Giant Turnip> 잉글리시에그만의 스토리텔링

전래동화, 명작동화를 보다 보면 가끔 이해가 안 되는 장면이 나옵니다. 구전으로 전해져 내려오다 보니 이야기가 여러 번 변형되어서일 수도 있고, 당시의 시대에서는 상식적이었던 것이 현시대에는 맞지 않기 때문일 수도 있습니다. 그런 이야기는 그대로 아이에게 가르쳐 주기보다, 시대의 상식에 맞게 각색해서 들려주는 것이 더 좋다고 생각합니다. 커다란 순무 **<The Giant Turnip>**이 바로 그런 이야기 중 하나입니다.

아이가 이미 영어 교재가 아닌 한글 번역본 동화책으로 커다란 순무 이야기를 접했을 수도 있습니다. 이 이야기 자체에는 교훈이 많습니다. 근면함, 끈기, 협동과 같은 중요한 가치들이 이야기에 잘 드러나 있기 때문입니다. 무가 점점 자라는 과정이 표현되어 있어식물의 한살이를 이해하는 데도 도움이 됩니다.

그런데 여기에 하나 아쉬운 점이 있습니다. 원래 이야기에서는 커다란 순무를 뽑아야 하는 노부부가 지나가는 사람들에게 도움을 요청하고, 고맙다는 표현도 제대로 하지 않습니다. 도움을 받는 것이 당연하다는 듯 그려져 있는 것이죠. 그래서 잉글리시에그에서 만든 교재는 커다란 순무를 뽑아야 하는 노부부를 본 사람과 동물이 자발적으로 나서 도움을 주는 것으로 이야기를 더했습니다. 이 스토리는 누군가에게 도움이 필요할 땐 적극적으로 나설 수 있는 태도와 함께하면 좋은 결과를 얻을 수 있다는 것을 아이에게 보여줍니다.

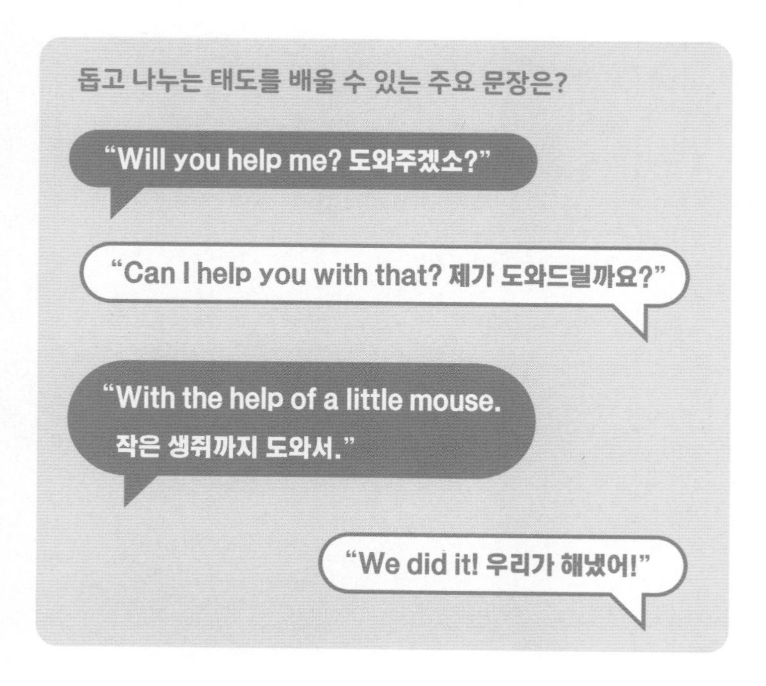

영어 잘 하는 아이를 넘어 인성과 사회성을 갖춘 아이로

06 여섯 번째 가치, Sociality 사회성

앞서 말씀드린 다섯 가지 인성 가치를 모두 갖추면 자연스럽게 사회성을 갖추게 됩니다. 아이는 유치원, 학교에서 첫 사회를 경험합니다. 친구와 간식을 나눠먹고, 아픈 동물을 돌봐주는 것, 평소 친구를 배려하면서 자기 주장이 필요할 땐 당당하게 말하는 것 등 교재를 통해 미리 경험한 사회성은 아이의 어린 시절부터 어른이 되어서까지 두고두고 도움이 됩니다. 혼자가 아닌 타인과 어울려 살아가야 하는 아이에게 잉글리시에그가 조금이나마 도움이 되기를 바랍니다.

<Two for You>
잉글리시에그만의 스토리텔링

혼자 사는 사회가 아니기 때문에 함께 나눌 줄 알고, 과하게 욕심 부리지 않는 태도가 중요합니다. <Two for you>에서는 맛있는 과일을 앞에 둔 아이들의 양보를 그리고 있습니다. 자신이 배가 다 찰 때까지 마음껏 먹을 수도 있지만 친구에게 양보하는 모습을 통해 자연스럽게 함께 나누는 태도를 배울 수 있습니다.

양보를 배울 수 있는 주요 문장은?

"One for me, two for you 나 하나, 너 두 개"

영어 잘 하는 아이를 넘어 인성과 사회성을 갖춘 아이로

<Are You Ok, Kitty?>
잉글리시에그만의 스토리텔링

장난감 기차를 가지고 놀던 아이는 고양이를 기차에 태워줍니다. 장난감 기차 위에 고양이를 태우고 엔진을 조정하니 기차가 조금씩 움직입니다. 그러다가 기차가 블록에 부딪혀 트랙을 이탈하고 고양이도 기차 밖으로 떨어집니다. 그러자 아이는 미안해하며 구급차를 불러주고 고양이가 괜찮은지 진찰해보기도 합니다. 물론 고양이는 다치지 않았지만 고양이를 걱정하고 지켜주려는 아이의 마음이 잘 드러난 이야기입니다.

Are you okay, kitty?

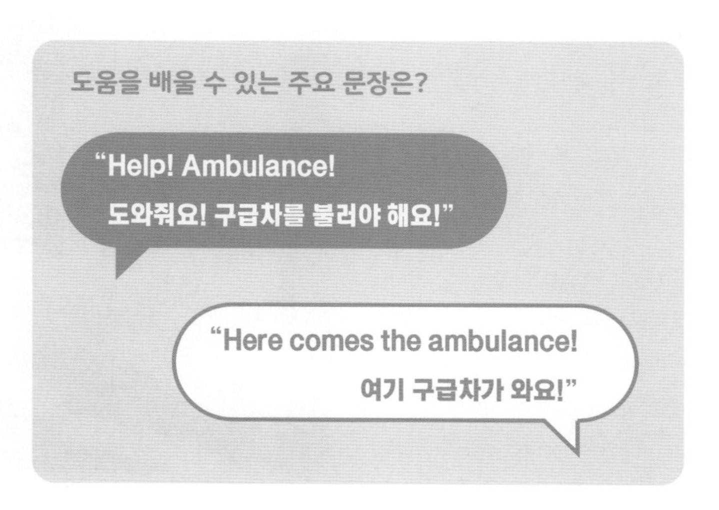
도움을 배울 수 있는 주요 문장은?
"Help! Ambulance!
도와줘요! 구급차를 불러야 해요!"
"Here comes the ambulance!
여기 구급차가 와요!"

영어 잘 하는 아이를 넘어 인성과 사회성을 갖춘 아이로

<It's mine>

잉글리시에그만의 스토리텔링

아이들끼리 놀다보면 장난감을 혼자 차지하고 싶어 다투는 일이 생깁니다. 친구와 함께 놀면서 아이는 계속해서 자신의 장난감이라며 만지지 못하게 합니다. 친구들은 점차 실망하고 같이 놀지 않으려 합니다. 아이는 자신의 장난감을 혼자 차지하게 되었지만 친구들이 떠나서 심심해집니다. 결국 아이는 자신의 장난감을 들고 친구들에게 다가가 다함께 즐겁게 놀 수 있게 됩니다. 장난감보다 소중한 우정, 나아가서 인간 관계에 필요한 사회성을 배울 수 있는 스토리입니다.

공유를 배울 수 있는 주요 문장은?

"Can you share your toys?
친구들과 장난감을 함께 가지고 놀 수 있지?"

"Friends always share.
친구들은 언제나 함께 나누는 거예요."

"Let's play together. 함께 놀자."

때로는 행복하고 때로는 각박하게 느껴지는 세상이지만,
잉글리시에그를 통해 간접적으로나마 세상을 경험하고 자란
아이는 올바른 인성과 좋은 세계관, 글로벌 매너, 사회성을
갖추고 언제 어디에서나 당당하게 살아가면 좋겠습니다.

잉글리시에그는 앞으로도 이러한 목표를 잊지 않고
단순한 영어 교육을 넘어, 올바른 인성까지 키워줄 수 있는
영어 교육을 해 나가겠습니다.

〈스페셜 기획〉 EGG Moms' Voice

우리 아이 영어 이렇게 시작했어요

마지막으로 여러분과 같은 동시대 학부모들의
영어 교육에 관한 고민과 잉글리시에그를
선택하기까지의 과정을 모았습니다.
여러 고민과 과정 끝에 잉글리시에그를 선택한
학부모님들은 과연 어떤 이야기를 했을까요?

*본 내용은 2020년 10월29일부터 11월 20일까지
잉글리시에그 공식카페 〈영수다〉에서 [잉글리시에그와의
특별한 만남] 스토리 공모전을 통해 받은 이야기입니다.

우리 아이 영어,
이렇게 시작했어요

에그 이벤트 >

[에그이벤트] 에그와의 '특별한 만남'에 대한 이야기를 들려주세요♥

린드그렌 카페매니저 1:1 채팅
2020.10.29. 09:46 조회 238

댓글 15 URL 복사

[에그이벤트] 에그와의 '특별한 만남'에 대한 이야기를 들려주세요♥

에그를 만나고, 에그가 일상이 된 지금의 시간.
지금의 시간이 있기 전,
우리 가족과 잉글리시에그의 '특별한 만남' 이야기를 들려주세요!

☆에그를 선택하고 만나기 전까지 어떤 과정이 있었는지,
☆우리 아이 영어 시작을 어떻게 할지 고민하는 시간 속에서
어떤 고민을 했으며, 어떻게 에그를 선택하게 되었는지,
에그와의 '특별한 만남'에 대한 에그맘님들의 이야기를 기다리고 있어요.
(현재 만들고 있는 잉글리시에그 책에 사연으로 들어갈 예정입니다.^^)

에그와의 '특별한 만남' 이야기는 아래 링크(▼)로 들어가셔서 아낌없이 들려주세요.
(더 자세한 내용은 링크된 페이지를 통해 꼭 확인해주세요^^)

http://naver.me/G2hvaBU3

에그와의 특별한 만남 이야기
우리 가족과 잉글리시에그, 이렇게 만났어요~ 우리 가족과 잉글리시에그의 '특별한' 만남…
naver.me

제가 영어를 못 하는 엄마일지라도 아이 언어 교육에 있어서 항상 흔들리지 않는 신념이 있어요. 영어 습득도 모국어와 같아야 한다고 생각해요. 모국어를 배울 때의 과정과 똑같이 아이에게 영어를 접하게 하고 싶었어요.

영어를 못 하는 엄마라서, 제가 직접 아이에게 영어를 알려줄 수 없다고 생각했어요. 자연스럽게 시중에 나와있는 여러 영어 교재 브랜드를 비교했고 이것저것 따져봤어요. 브랜드 후기도 찾아보고, 박람회도 직접 몇 번씩 갔어요. 최종적으로 사람들이 많이 선택하고, 출시가 된 지 오래된 브랜드 3개를 추렸습니다. 그렇게 고민 끝에 선택한 브랜드는 잉글리시에그였어요.

가장 큰 이유는 '생활 속에서 가장 많이 쓰는 단어나 문장이 많기 때문'이었죠. 제가 영어를 못 하는 엄마일지라도 아이 언어 교육에 있어서 항상 흔들리지 않는 신념이 있는데요, '아이가 한글을 처음 배울 때의 과정을 영어에도 똑같이 접목한다'입니다. 아이가 모국어를 습득할 때 가장 먼저 반복적으로 많이 듣죠. 듣다가 그 말의 뜻이 무엇인지 자연스럽게 알게 되고, 나중엔 입이 트여 말을 하게 되는 그 과정처럼요. 영어 교육에 관한 제 신념과 잉글리시에그가 추구하는 교육의 방향성이 잘 맞았어요. 실제로 아이에게 영어를 부담 없이 노출해줄 수 있었고요, 아이는 실생활 영어인 잉글리시에그를 시작으로 스펀지가 물을 쭉쭉 흡수하듯이 영어를 빨아들였어요.

제 아이보다 영어를 잘하는 아이는 많지만, 저는 조급해하지 않고 아이에게 칭찬을 많이 해줘요. 영어는 모국어가 아니니까 길게 봐야 한다고 생각해요. 직접 사용해보니 잉글리시에그는 장점이 정말 많아요. 그중 단연 최고는 신나는 노래와 율동이 아닐까 합니다. 엄마인 저도 아이와 같이 즐기면서 영어를 배우고 있어요~. 센터 수업과 연계되어 있어서 어렵지 않게 수업을 받을 수 있는 점도 참 좋고요. 아이가 너무 즐겁게 다니고 있습니다. 만족도 만점!!!입니다. ^^

우리 아이 영어,
이렇게 시작했어요

저는 수능 영어 1등급을 받았어요.
눈물 쏟으며 엉덩이의 힘으로 얻은 결과였죠.
그런데 외국인 앞에서는 영어를 한마디도 못해요.
너무 부끄러웠어요. 정말 내 아이는 나중에
외국인에게 웃으며 농담을 던질 수 있으면 좋겠다는
엄마의 바람이 있었어요.

첫 아이를 키울 땐 정보도 없고, 아는 것도 없어서 '맨땅에 헤딩'하듯 아이를 키웠어요. 조리원도 안 갔었고, 워킹맘인데다가 친구들보다 이른 나이에 결혼하고 출산하다 보니 육아에 관한 조언을 얻을 곳이 없었어요. 그렇게 또 둘째를 낳고 육아휴직을 한 어느 날, 동생이 갑자기 저에게 "영어책도 읽어줘야 하는 거 아니야?"라고 물었어요. 뭔가 얻어맞은 것 같았죠. 그때부터 뭐에 홀린 듯 유아 영어에 관해 검색하고 책을 알아보기 시작했어요.

저는 수능 영어 1등급을 받았어요. 눈물 쏟으며 엉덩이의 힘으로 얻은 결과였죠. 그런데 해외 나가면 영어를 한마디도 못해요. 친동생이 외국회사에서 일 해서 외국인과 함께 만날 자리가 있었어요. 그때도 말 한마디 못했죠. 너무 부끄러웠어요. 정말 내 아이는 나중에 이런 자리에서 외국인에게 웃으며 농담을 던질 수 있으면 좋겠다는 바람이 있었어요. 복직 6개월 정도 남았을 때부터 영어 교재를 마음먹고 알아봤어요. 사실 잉글리시에그는 잘 몰랐어요. 맘카페에서 비싸다고 해서 결국 타사의 영어교재를 사려고 마음먹고 상담을 받으러 갔어요. 거기서 잉글리시에그랑 비교해서 설명하는데 '잉글리시에그 책을 보고 싶다! 음원을 듣고 싶다!'는 생각이 들지 뭐예요. 그래서 잉글리시에그 책을 유심히 보게 되었어요.

영어 교재 브랜드를 선택할 때 제 나름의 기준이 4가지 정도 있었어요. 1. 엄마가 집에서 활용해 줄 수 있는 책 기반일 것 2. 복직 후 센터 수업을 활용할 수 있도록 센터가 가까울 것 3. 이사계획이 있어서 센터 이관이 가능한 곳 4. 말하는 영어를 할 수 있는 교재로 선택할 것. 이 모든 것이 가능한 교재가 잉글리시에그였어요. 그래서 최종 선택을 하게 되었습니다.

그 때부터 지금까지 4년 정도 잉글리시에그를 사용하면서 제 선택을 후회해본 적이 없어요. 영어를 잘 못하는 엄마도 읽어줄 수 있고, 활용할 수 있는 책과 콘텐츠! 일주일마다 정해진 센터 수업 진도에 맞춰 예습과 복습 노출이 되는 점, 영어 교육이 느슨해질 만하면 센터 멘토님과 지사장님, 액터 선생님께서 활용 방법을 알려주시는 점 등! 둘째까지도 잘 활용하고 있어서 너무 만족합니다. 덧붙여 제 영어 실력도 조금 늘었고요.^^;

잉글리시에그 교재 중에서는 특히 드라마 파닉스를 추천해요. 타사와는 차별되는 부분이 많아요. 단순히 음가만 익히고 배우는 것이 아니라, 영어 회화 표현을 다양하게 익히고 발화하면서 음가를 자연스럽게 익히게 되어있더라구요~. 첫째가 드라마 파닉스의 마법을 경험했고, 둘째를 통해 한 번 더 경험하길 기대하고 있습니다.

그리고 구입할 때는 '이걸 언제 보나, 창고에 넣어야 하나' 고민했던 스텝 1~3의 스토리텔링 북도 추천합니다. 저는 스토리텔링 북이 타사와는 차별화된 잉글리시에그만의 특장점이라고 생각해요. 이건 직접 활용해보시면 제가 말한 이유를 알게 되실 거예요.^^

우리 아이 영어, 이렇게 시작했어요

부디 우리 아이가 나처럼 알파벳 하나하나 외우면서 단어를 완성해 나가지 않으면 좋겠다고 생각했어요. 아이가 즐겁게 영어를 알아가고, 재미있는 놀이로 생각하면 좋겠다는 막연한 생각이 있었죠.

부디 우리 아이가 나처럼 알파벳 하나하나 외우면서 단어를 완성해 나가지 않으면 좋겠다고 생각했어요. 아이가 즐겁게 영어를 알아가고, 재미있는 놀이로 생각하면 좋겠다는 막연한 생각이 있었죠. 아이가 세 살이 되던 해 EBS에서 잉글리시에그 광고를 봤어요. 그 광고 속 아이가 영어를 너무 잘하는 게 신기했어요. 전 그 다음 날 바로 영어 교재 브랜드 세 곳을 돌아다녔어요. 그리고 세 번째로 들어갔던 잉글리시에그 센터에서 고민 없이 스텝 1, 2를 구매하고 나옵니다.

잉글리시에그를 접한 것도, 잉글리시에그를 구입한 것도 참 빠르고 즉흥적이죠? 그 때 생각이 '뭐든 해보고 후회하자'였거든요. 겨우 세 살짜리 아이가 뭘 잘하고, 뭘 못하는지는 직접 해보지 않으면 알 수 없다고 생각했어요. 혹여 아이가 내가 이걸 싫어하거나, 언어 감각이 없어 잘 못해서 돈 몇 백만원을 버리게 되더라도 해보고 나서 알게 되는 건 괜찮다고 생각했어요. 이래야 후회가 없으니까요. 다행히 아이가 잉글리시에그 교재를 좋아했어요. 내용도 잘 흡수해서 다섯 살에는 에그스타도 되었습니다. 이렇게 좋은 책을 그냥 책장에만 꽂아 둘 수 없어서 아이와 같이 매일 책 보고, 놀고, 읽고, 들었더니 이제 아이의 영어가 한국어 말하는 것처럼 자연스러워요. 잉글리시에그와 함께 하는 생활 속에서 아이도 엄마도 영어 성장 중이에요!

엄마표 영어, 엄마의 영어 공부도 에그 하나만 있으면 된다고 생각합니다. 우리 아이의 첫 영어책, 첫 영어 선생님인 잉글리시에그, 정말 고마워요. ^^

첫째 아이는 아기 때 정말 예민했어요. 게다가 대근육 발달이 느려서 늘 앉거나 누워서 지내는 시간이 많았어요. 이런 상황에서도 엄마인 제가 영어에 대한 욕심이 있어서 어떻게 우리 아이의 발달 상황을 고려해서 어떤 영어 교육을 해야 할지 고민했습니다.

저는 아이가 둘 있어요. 첫째 아이는 아기 때 정말 예민했어요. 성격도 너무 신중한 아이였어요. 많이 울기도 했고요. 그래서인지 문화센터에 가서도 별다른 활동 없이 집으로 돌아오곤 했어요. 게다가 대근육 발달이 느려서 늘 앉거나 누워서 지내는 시간이 많았어요. 이런 상황에서도 엄마인 제가 영어에 대한 욕심이 있어서 어떻게 우리 아이의 발달 상황을 고려해서 어떤 영어 교육을 해야 할지 고민했습니다.

저와 신랑은 나름 학창시절에 공부를 잘 하는 편이었어요. 그런데 둘 다 공통적으로 '말하지 못하는 영어'에 대한 콤플렉스가 있었어요. 듣고 읽는 영어는 할 수 있는데, 말하는 건 전혀 자신이 없었어요. 그래서 우리 아이만큼은 '말하는 영어'를 하면 좋겠다는 생각이 들었어요. 그럼 언제 아이에게 영어 교육을 할 것인가에 대한 '시기'도 고민이었어요. 모국어가 확실히 트이고 나서 영어를 시작할지, 모국어와 함께 영어를 일찍 시작할지.

저희 아이는 돌 전부터 타사 교구로 수업했어요. 그러다가 자연스럽게 영어수업까지 하게 되었는데, 아무래도 영어교육 전문 기관이 아니다 보니 선생님이나 교재의 퀄리티가 높진 않더라고요. 다른 영어 교재를 찾기 시작했는데, 제가 초등교사면서 영어를 심화전공해서 그런지 제 맘에 쏙 드는 영어 교재를 찾기 힘들었어요. 눈이 너무 높다고 해야 하나….

우리 아이 영어,
이렇게 시작했어요

너무 옛날 교육 방식을 고수하는 회사의 교재는 좀 꺼려지고, 원서를 하나하나 사서 가르치자니 영어를 아무것도 모르는 아기가 접하기엔 교재 수준도 높고, 알맞은 방법은 아니라고 생각했어요.

그러다가 정말 우연히 동네 영어교육기관을 검색했고, 그 때 잉글리시에그라는 곳을 알게 되었어요. 다양한 영어 교육 브랜드가 있는데, 제가 잉글리시에그에 끌린 건 교재와 센터 수업 연계가 너무 잘 되어있고, 아이 수준에 맞게 확장하는 단계별 교재 때문이었어요. 센터 선생님은 아이가 교재를 흡수할 수 있도록 정말 최선을 다해 수업을 하고 계시고요.

우연히 시작한 잉글리시에그였는데, 지금은 거의 모든 라인을 다 구매하게 될 정도로 제 마음에 쏙 들어요.

덕분에 아이가 어디가도 영어 잘 한다는 소리는 기본으로 들어요. 이제 두 돌 된 동생도 영어로 노래를 불러요! 잉글리시에그는 무엇보다 발화할 때 빛을 보는 것 같아요. 잉글리시에그에서 익힌 표현들이 발화로 나와요. 놀랍죠? 앞서 고민한 영어 교육 시기도 지나고 보니 후자가 정답이었던 것 같아요. 지금도 센터에서, 그리고 주변에서 잉글리시에그를 가장 일찍 만나 영어를 가장 유창하게 하는 아이 중 한 명으로 꼽히고 있답니다.

그 고마움으로 잉글리시에그 카페에서 더 열심히 활동하고 있는 것 같아요! 제 지인들도 많이 구입했고요, 돌쟁이 조카도 구입할 예정입니다. 잉글리시에그는 누구에게나 적합한 영어 교육 교재이고 방법이에요. 모두 알았으면 좋겠어요. ^^ 오늘도 에그력(the power of egg)을 높이기 위해 애쓰는 모든 에그맘과 파파에게 힘내자고 말하고 싶어요!!

우리 아이 영어,
이렇게 시작했어요

중학교 3학년 때부터 미국 유학 생활을 시작해서
대학 졸업까지 10년 동안 영어권에서 영어를 접하면서
살았어요. 그런데 한국에서 아이를 낳고 기르다 보니
아이에게 영어를 어떻게 접근하게 만들어 줘야 할지
너무 막막했어요. 제가 유학 시절에 겪었던
영어의 고민과 스트레스를 아이에게 주기 싫었어요.

중학교 3학년 때부터 미국 유학 생활을 시작해서 대학 졸업까지 10년 동안 영어권에서 영어를 접하면서 살았어요. 그런데 한국에서 아이를 낳고 기르다 보니 아이에게 영어를 어떻게 접근하게 만들어 줘야 할지 너무 막막했어요. 제가 유학 시절에 겪었던 영어의 고민과 스트레스를 아이에게 주기 싫었어요. **아이가 커서 좋은 기억과 추억으로 영어를 배운 경험을 가질 수 있게 하고 싶었는데, 방법이 큰 고민이었답니다.**

제가 영어를 팝송으로 들으면서 배웠던 기억이 있어서 아이도 영어를 재미있게 노래로 들었으면 했어요. 마더구스 음원을 열심히 들려줬는데, 그걸 보시고 잉글리시에그 회원이었던 시누이가 센터에서 샘플 CD를 받아 준다고 했어요. 전 냉큼 받아서 CD를 틀었어요. <You'll Be Okay> 음악이 제 귀에 쏙쏙 박히더라구요. 며칠 동안 그 노래를 저도 모르게 흥얼거렸어요.

그 날 이후에 Bexco에서 열린 유교전에 가서 바로 잉글리시에그 부스로 달려가 상담을 받았어요. 설명을 듣던 중에 보드책이 너무 간단한 것 같아서 질문을 던졌는데, 액터님께서 바로 스토리텔링북을 보여주셨어요. 거기서 완전 반했죠!!

실제로 사용해보니 보드책으로 핵심 문장을 익히고, 스토리텔링 북으로 뒷배경에 담긴 이야기를 자세히 알게 되면서 한 번 더 익힐 수 있어서 참 좋아요! 스토리텔링 북의 제맛은 바로 word! 짧은 단어지만 핵심 단어로 쏙쏙쏙 알게 되고, 책 읽을 때 봤던 그림 그대로 단어와 매칭할 수 있어서 아이가 맞추면서 자신감이 쑥쑥 상승하더라구요. 그리고 악보에 코드까지 있어서 묵혀 둔 저의 피아노 실력을 뽐낼 수 있게 되었어요!^^ 정말 잉글리시에그 하나로 하루가 짧게 느껴진답니다. 아! 그러면 언제 영상을 보냐고요?^^ 엄마도 샤워하고 애들 밥 챙겨야 하잖아요, 그때 아이에게 펜을 쥐여주면 아이가 스스로 콕콕 찍어가면서 플링 영상을 즐기며 잉글리시에그 타임을 갖는답니다~!

16살에 유학을 가서 제 영어 발음에는 한국어 악센트가 있어요. 그게 저는 싫었어요. 우리 아이 16개월에 시작한 잉글리시에그가 벌써 함께 한지 1주년이 되었는데, 오직 잉글리시에그 하나로 알파벳과 스텝1~3 책 제목을 다 읽을 수 있게 되었어요. 잉글리시에그를 선택하기까지 그리 기나긴 과정은 없었지만, 글을 쓰면서 돌이켜 보니, 저도 잉글리시에그를 그냥 선택한 게 아니었네요. 잉글리시에그와의 이야기는 끝이 없네요! 즐겁게 글을 남겼습니다 ^^ 흐뭇흐뭇

우리 아이 영어,
이렇게 시작했어요

한국이 영어권 국가도 아니고, 아이를 데리고
자주 외국에 다닐 여건도 아닌 데다가,
저와 아이 아빠도 영어를 쓰는 일을 하지 않으니까
'아이에게 책과 영상만으로 영어 환경을 제공해줄 수
있을까?'라는 부분이 가장 걱정이 되었어요.

아이 영어에 있어서 가장 큰 고민은 아무래도 외국과 같은 영어 환경을 제공하지 못한다는 점이었죠. 한국이 영어권 국가도 아니고, 아이를 데리고 자주 외국에 다닐 여건도 아니니까요. 저와 아이 아빠도 영어를 쓰는 일을 하지 않으니까 **'아이에게 책과 영상만으로 영어 환경을 제공해줄 수 있을까?'**라는 부분이 가장 걱정이 되었어요.

두 번째 고민은 **'영어를 학습이 아닌 생활로 끌고 올 수 있을까'**였어요. 아무래도 저는 영어를 생활 속에서 접하기보다는 학원에서 학습으로 접했던 세대이기 때문에 놀이식으로 영어를 할 수 있을지가 걱정이었죠.

큰 아이가 돌 즈음 되었을 때 영어 교재 중에 잉글리시에그 인지도가 가장 높았어요. 마침 샘플 CD를 받았는데, 단어 하나하나가 귀에 쏙쏙 잘 들어오고 노래도 쉽고 신나더라구요. 게다가 정말 필요한 영어 문장으로만 구성되어 있다고 느껴졌어요. CD 하나만으로 다른 영어 교재와는 비교도 하지 않고, 한 번에 스텝을 샀어요.

잉글리시에그를 집에 들이고 아이에게 영상과 CD를 노출해 주던 중 둘째가 생겼는데 입덧이 심해지면서 잉글리시에그를 잘 활용하지 못했어요. 그래서 임시방편으로라도 첫째 아이에게 꾸준히 영상과 CD를 틀어줬어요. 비교적 이른 시기에 아이가 잉글리시에그를 접해서인지 그 시기에 아이들이 그런 건지 제법 춤도 따라 하고 그 춤 안에 들어 있는 영어 표현도 곧 잘 따라 하면서 이해하는 것 같았어요. 하지만 아이에게도 권태기는 오는 모양이에요. 예전만큼 잉글리시에그 영상을 찾지 않고 만화를 보려고 하더라고요. 그래서 새로운 영어책이 필요한 걸지도 모른다는 생각에 다른 영어책도 이것저것 구입했어요.

그런데 새로 산 책은 CD에서 흘러나오는 노래가 제가 들어도 잉글리시에그만큼 잘 들리지도 않고, 문장도 굉장히 단순하더라고요. 또 잉글리시에그는 펜으로 글자만 터치되는데, 새로 구입한 책은 펜으로 그림을 터치하면 웃음소리, 자동차 소리 등 그림에 해당하는 음성이 나왔어요. 아이는 그게 재미있는지 계속 그것만 반복 터치 하더라고요.

새로 산 책에 실망감을 안고, 잉글리시에그만한 책이 없구나 하면서 회귀했습니다. 그 시기에 드라마 파닉스가 출시돼 책을 접하게 되었는데, D 사운드 'Dunk, Dunk, Dunk'노래와 구성을 보는 순간 또 한 번 매료되어 그 자리에서 바로 구매했답니다. 그 뒤로는 잉글리시에그 책은 믿고 사는 책이 되었고, 신간을 런칭하면 바로 구입하곤 했어요.

우리 아이 영어,
이렇게 시작했어요

영어책 권태기에 잉글리시에그가 아닌 다른 책들을 접하면서 오히려 잉글리시에그만큼 잘 들리고, 아이에게 실용적이면서 교재에 캐릭터가 살아있는 책은 없다는 걸 알게 되었어요. 아이뿐만 아니라 저 역시 잉글리시에그 마니아가 되었답니다. 그리고 뱃속에서부터 노출이 있었던 둘째는 첫째보다 더 빨리 접해서 영어로 쉽게 말해요. 잉글리시에그 덕을 톡톡히 본 사례인 것 같아요.

영어 교재를 선택할 때 수많은 고민을 해서 선택하거나, 별 고민 없이 선택하더라도 똑같이 또 다른 새로운 고민이 찾아올 수 있다고 생각해요. 아마 아이 키워 보신 분들이라면 많이 공감하실 거예요. 하지만 잉글리시에그는 일찍부터 꾸준히 하면 정말 많은 걸 얻을 수 있다고 생각해요. 저는 다행히 아이들과 그런 시간을 보냈고, 또 보내고 있어서 감사한 마음입니다.

유아 영어 교육서의 저자들 영어 실력은
나보다 높거나 전공자 수준이잖아요. 그럼 어떻게 내가
그들과 비슷하게 아이에게 해줄 수 있을까?
수많은 원서 속에서 어떻게 우리 아이에게 필요한 단계의
책을 고를까? 저에겐 이런 것들이 고민이었습니다.

유교전을 정말 많이 다녔습니다. 우리나라에는 참 유아교육시장이 넓다는 것을 여기서 느꼈어요. 아이 영어 시작에서 가장 고민되었던 부분은 갓난쟁이 아이에게 **'영상 노출을 언제부터 할 것인가'** 였습니다. 또한 **'흘려듣기만으로는 어느 정도까지 영어가 커버될 것인가'**였죠.

사실 영어는 모국어가 아니기 때문에 교육에 있어 영상이 중요한 것을 알지만, 엄마의 마음으로는 최대한 미루고 싶었기에 갈등이 많았습니다. 국내 메이저 전집들 모두 영상위주였기 때문에 더욱더 그랬습니다. **'이 전집만으로 영어가 끝날 것인가'**라는 점도 또 하나의 고민이었습니다. 가성비, 가성비하지만 사실 아이들 영어 전집이 가성비보다는 얼마만큼의 효과가 있을 것인가라는 부분을 더 생각하시리라 봅니다.

우리 아이 영어,
이렇게 시작했어요

여기에 더해서 논픽션 픽토리, ORT(Oxford Reading Tree)등 결국 원서가 답이라는 약간의 불문율 같은 소리도 들려서 점점 우리 아이는 어느 방향으로 영어를 이끌어 가야 하나 싶었습니다. 왜냐하면 엄마나 아빠가 네이티브 정도의 실력이 아니고, 유아 영어 교육서의 저자들의 영어 실력은 나보다 높거나 전공자 수준이잖아요.

그럼 어떻게 내가 그들과 비슷하게 아이에게 해줄 수 있을까? 수많은 원서 속에서 어떻게 우리 아이에게 필요한 단계의 책을 고를까? 목록에 나와 있는 책을 직접 보지 않고 인터넷에서 좋다는 이야기만 믿고 사야 하는 건가? 저에겐 이런 것들이 고민이었습니다.

이런 수많은 고민 속에서도 가장 중요하다고 생각한 1순위는 '자연스럽게 스며들게 하는 것'이었습니다. 생후 80일까지는 단순히 마더구스 음원을 틀어줬고, 점점 다양한 언어 자극을 주고 싶어서 영어 프로그램이 필요하다고 생각했어요. 아이가 어려서 특히 책에 관한 고민이 많았어요. 원색의 색감과 원서와 비슷한 느낌이지만, 현대적인 책을 찾았습니다.

그 당시 저희 집에는 한글책이 90%, 영어책이 10%였는데, 영어책 비중을 맞추기 위해 원서와 국내 출간된 간단한 전집을 인터넷 공구를 통해 구매했었습니다. 약 십만 원 정도의 국내 전집은 책에 나온 표현들이 문어체로 되어 있었어요. 우리가 기계적으로 외웠던 'I'm fine, thank you'처럼 툭 치면 자동으로 이렇게만 대답해야 할 것 같은 표현들이었습니다. 아이가 지금은 뜻을 잘 몰라 괜찮지만, 돌만 되어도 과연 내가 이런 책을 활용할까? 활용이 힘들지 않을까? 라는 생각이 들었습니다. **원서랑 비슷하면서 펜, 영상, 음원, 카드가 있어 다양하게 활용할 수 있는 영어 교재**를 찾아봤어요. 국내에서 유명하고 제품이 괜찮다는 평이 있는 타사 교재를 모두 상담했습니다. 프로그램 방향, 가르치는 방법도 완전히 달라서 정말 2~3개월을 치열하게 생각했습니다. 결국 저는 잉글리시에그를 선택했어요.

우리 아이 영어,
이렇게 시작했어요

첫 번째 이유는 다양한 주제의 책이었습니다.
5세까지 가정 보육 예정이라 아이의 자율성에 중점을 두었거든요.

두 번째는 음원의 다양성입니다.
음원에 등장하는 인원들이 다양해서 다양한 소리자극을 받을 수 있을 것 같았어요. 주변에는 잉글리시에그 음원이 자극적이라는 평이 많았는데, 실제 사용해보니 자극보다는 음원 자체가 통통 튀고, 성우의 pronounce(발음)가 정확히 들린다는 것이 저의 생각입니다.

세 번째는 흥미도였습니다.
캐릭터가 중심이 아니고 아이의 생활과 다양한 이야기가 있어 조금 더 오래 사용할 수 있을 것 같은 마음이었습니다. 특히 생후 80일에서 3세가 된 지금, 일상생활과 관련된 호기심이 폭발하는 시기라서 아이가 너무나 즐겁게 영상을 보고 있습니다. 아이가 알고 있는 내용과 행동이라 집중도가 달라요.

네 번째는 내가 얼마나 활용할 수 있을까였습니다. 볼륨이 큰 전집일수록 활용도가 떨어진다는 말에 영어 프로그램을 아예 사지 말까하는 마음도 들었어요. 하지만 책의 주제를 모두 살펴보고 내용과 음원들 체험 수업까지 모두 해 본 결과, 내가 가지고 있는 능력에 이 프로그램을 녹여 내 볼 수 있겠다 싶었던 것이었고, 그게 잉글리시에그였습니다.

지금도 저는 어떤 주제를 어떻게 활용하여 조금 더 아이의 발화를 끌어낼까 매일 고민합니다. 지금은 쓰기 읽기보다는 스피킹에 중심을 두고, 5세부터는 리딩과 라이팅을 시작해 볼까 합니다. 잉글리시에그에서 스토리 단계의 다양한 자극을 줄 수 있는 창작영역으로 신간으로 나온다면 저와 같은 부모에게 많은 도움이 될 것 같습니다.

문법학습은 둘째 치고, 언어가 자연스러웠으면 좋겠다는 생각을 항상 했어요. 집에 있는 영어책을 읽어줘도 항상 저 스스로 발음에 자신감이 부족한 상태였어요.

문법학습은 둘째 치고, 언어가 자연스러웠으면 좋겠다는 생각을 항상 했어요. 집에 있는 영어책을 읽어줘도 항상 저 스스로 발음에 자신감이 부족한 상태였어요. 부모가 다 영어가 안 되는데, 애한테는 영어를 강요하는 건 너무 한 것 같았어요. 재미있게 일상 속에서 흡수하면서 배울 수 있는 영어가 절실히 필요했어요.

첫 아이라서 베이비페어 가기 전까지 어떤 영어 교재가 유명한지도 몰랐어요. 주변 사람들도 영어를 시작한 것 같지 않아서 물어볼 곳도 마땅히 없었죠. 주변에서는 어릴 때는 영어보다 한글을 제대로 가르치는 게 낫다는 의견을 주시긴 했는데, 저희 부부는 반대였어요. 0~3세는 언어를 흡수하기 좋은 시기라고 생각했고, 이때 어떤 환경을 조성해주느냐에 따라 아이의 발달이 달라질 거라는 걸 알고 있었어요.

첫 번째 방문한 베이비페어는 아기가 태어났을 때라 아기 젖병, 옷 이런 거 보기에 바빴는데 세번째 방문할 때는 목적의식을 갖고 갔어요. '아이 학습 관련된 책을 좀 보고 오자.' 그때 잉글리시에그를 만나게 되었어요. 일상생활 회화를 뮤지컬처럼 나도 모르게 따라 부르고 있고, 책에 담긴 캐릭터가 눈에 쏙 들어왔어요. 이거다 싶었죠. 내가 그토록 찾던, 입으로 바로 나올 수 있는 영어. 문법부터 생각하느라 버벅대는 영어가 아닌 바로 말이 툭 튀어나오는 영어가 바로 잉글리시에그더라고요. 이 참에 엄마인 저도 함께 공부해야겠다는 마음에 스텝 1~5까지 구매했어요. 요즘 저는 영어 노래를 흥얼거리는 재미로 지낸답니다.

우리 아이 영어,
이렇게 시작했어요

아이 영어는 어릴 때부터 시작해야 한다는
생각이 있었어요. 영어 유치원은 비용적으로 너무
부담되어서 엄마표 홈스쿨로 할 수 있는 영어 전집을
찾았어요. 스피킹과 재미, 이 두 가지를 잡을 수 있고
영어 콘텐츠를 잘 만든 것을 중점으로요.

아이 영어 교육을 시작할 때 저는 이런 질문부터 던져봤어요. '어렸을 때 내가 왜 영어를 싫어했지?' 어려운 문법과 그냥 외워야 하는 것들이라 생각해서 재미없고 어렵게 느껴졌던 거 같아요. 그러다가 대학생이 되어서 화상 영어를 하면서 스피킹이 조금씩 되기 시작했는데 그때 영어가 재미있어지더라고요. 그래서 이런 질문과 경험으로 비춰봤을 때 아이 영어는 무조건 스피킹이 우선이라고 생각했어요. 이걸 **주입식이 아닌 놀이로 접근할 수는 없을까? 라는 고민을 하다가 '재미'를 잘 살린 영어 콘텐츠를 찾았어요.**

일찍이 아이 영어는 어릴 때부터 시작해야겠다는 생각이 있었어요. 영어유치원은 비용적으로 너무 부담되어서 엄마표 홈스쿨로 할 수 있는 영어 전집을 찾았어요. 몇 가지 기준을 갖고 유교전에 가서 영어 프로그램 상담을 많이 받았어요. **스피킹과 재미, 이 두 가지를 잡을 수 있고 영어 콘텐츠를 잘 만든 것을 중점으로요. 그때 제 눈을 사로잡은 건 바로 잉글리시에그.**

노래도 너무 신나고, 책의 그림체도 예뻤어요. 플링 영상도 재미있어서 아이와 함께 영어를 즐겁게 즐기면서 시작할 수 있을 거라는 확신이 들었어요. 센터 수업이 있다는 점도 매력적이었어요. 아무래도 영어를 잘 하는 액터샘과 콘텐츠에 노출된 아이들이 한 수업에서 같은 책으로 독후 활동을 한다는 것은 커다란 장점이라고 느껴졌거든요.

그 길로 근처 센터에 가서 센터장님께 직접 상담을 받고 스텝 1~5까지 한 번에 구매했어요. 처음에 노래 CD로 음원을 노출해줬는데, 몇 달 되니까 아이가 영어 단어를 뱉어주더라구요. 그렇게 몇 달이 지나고 아이 실력이 계속 제자리인 것 같아서 제가 잘해주고 있는 게 맞는지 고민하던 찰나, 센터장님이 영수다 카페를 추천해 주셨어요. 그곳에는 잉글리시에그를 여러 방면으로 아이에게 노출해주는 엄마들이 있었어요. 이벤트 있을 때마다 저도 몇 번 참여하다 보니 점점 이곳에 일기처럼 기록하는 게 습관이 되어버렸네요. 그렇게 일 년 동안 카페 활동도 하고 센터 수업도 받고 하면서 아이가 남들 앞에서도 자연스럽고 자신감 있게 영어를 쓰는 모습을 보고 있습니다. 잉글리시에그 하길 참 잘했다는 생각이 들어요.

처음에 저에게 활용도 잘 못하고 돈만 날릴 거라고 맹비난하며 구매를 반대하던 남편, 그리고 벌써 영어를 시작하냐고 우려하던 친정엄마. 첫 아이의 변화된 모습과 제가 꾸준히 잉글리시에그 타임을 하는 것을 보고 이제는 제 선택을 지지해주고 있어요. 아이에게 제2외국어를 하는 즐거움을 선사해주고, 유아 영어는 어떻게 시작해야 하는지 고민하던 제게는 올바른 길을 제시해준 잉글리시에그. 참 고마운 존재입니다. 첫째와 둘째가 자연스러운 영어 프리토킹을 하는 그날까지 계속 잉글리시에그와 함께 영어를 즐기면서 배웠으면 좋겠어요.^^

우리 아이 영어,
이렇게 시작했어요

영어를 어떻게 시작해야 하는지가 가장 큰 고민이었어요.
영어유치원이라 불리는 곳은 유아교육 전공자로서
절대 보내고 싶지가 않았는데, 영어를 말할 수 있는
환경을 만들어 주기란 정말 더 어렵더라고요.

유아교육을 전공한 유치원 교사이자 30개월 남자아이를 둔 엄마예요. 우리 아이는 또래보다 언어, 인지발달이 빠른 편이랍니다. 가족들, 주변 엄마들, 어린이집 선생님께서 우리 아이를 긍정적이고 부러움의 대상이라고 말해주어서 전 아이에게 무엇이든 최고로 만들어주고 싶어요. 그게 엄마의 마음인 것 같아요. 항상 내 아이만 최고라고 생각하고 지냈어요. 그러다가 제가 근무하고 있는 기관에 다니는 아이가 영어를 정말 잘하고 발화가 잘 되는 것을 봤어요. '내 아이의 영어교육을 미처 생각하지 못하고 있었구나!'라는 뒤늦은 후회가 들었고, 30개월이 되어서야 우리 아이 영어교육에 대해 알아보기 시작했답니다.

영어를 어떻게 시작해야 하는지가 가장 큰 고민이었어요. 영어유치원(학원)이라 불리는 곳은 유아교육 전공자로 절대 보내고 싶지가 않았는데, 영어를 말할 수 있는 환경을 만들어 주기란 정말 더 어렵더라고요.

유아교육전에서 여러 부스와 함께 잉글리시에그 부스도 방문했어요. 잉글리시에그 부스는 분위기부터 달랐어요. 다른 곳은 사무적으로 대하는 분위기였다면, 잉글리시에그는 활기찬 분위기라고 할까요? 현장 이벤트 '알뽑기'를 진행할 때도 여러 명의 직원분이 함께 호응해주시고, 반겨 주시니까 저도 덩달아 기분 좋아지는 시간이 되더라고요.

상담해주신 잉글리시에그 담당자분은 정말 열정적인 분이었어요. 제가 다른 곳에서 만족스럽지 못한 상담을 받았다고 하니까, 타사와 비교해서 잉글리시에그만의 특별한 점들을 잘 설명해 주시더라고요! 영어교육의 필요성, 시기의 적절성, 잉글리시에그를 선택해야 하는 이유를 정말 일목요연하게 설명해 주셔서 단번에 잉글리시에그를 결정할 수 있는 계기가 되었답니다.

상담 전에 블로그를 검색하고 실사용 후기를 살펴보고, 프로그램들을 보고 또 봐도 **비교가 잘 안 되던 내용을 알기 쉽게 설명해주시고, 직접 보여주시고, 느끼게 해주시니 잉글리시에그를 선택하지 않을 수 없겠더라구요.** 다음으로 상담을 잡았던 타사 부스는 가지도 않고 바로 잉글리시에그를 선택했지요. 에브리데이 패키지로 결정하고 난 순간부터, 우리 아이를 에그스타로 만들어줄 생각에 신이 났어요. :) 아직 체험팩만 받아와서 택배 상자가 올 때까지 두근두근하는 마음이지만, 일단 체험팩만으로도 우리 아이는 이미 에그스타예요...! **하루 종일 틀어 달라, 읽어 달라, 보여 달라고 합니다.** 왜 30개월 이전에 잉글리시에그를 몰랐는지 ㅠㅠ 진짜 벌써부터 주변에 잉글리시에그 추천하고 다니는 극성엄마가 되었어요. 우리 아이 에그스타 꼭 만들어 줄 거예요♥ 우리 아이 영어 시작이 잉글리시에그라서 너무 행복합니다!

우리 아이 영어, 이렇게 시작했어요

전집들의 다양한 비교 글들과 댓글 후기를 보면서 우리 아이 성향에 잘 맞는 건 어떤 책일지 고민했어요. 앞서 언급했던 것처럼 아이는 흥이 많고 사람을 좋아해서 이런 걸 충족해주는 교재를 찾고 싶었어요.

아이 영어 시작 시기가 가장 큰 고민이었습니다. 빠르게 지금으로 할지, 아니면 한글을 더 완벽하게 구사할 수 있는 6~7세쯤에 시작할지…. 몇 달 전에 영어 노출 시기를 고민하면서 여러 카페에서 다른 사람들의 의견을 들어봤어요. 그때까지만 해도 6~7세쯤에 영어를 시작해야겠다고 생각도 했어요. 우리 아이는 33개월까지 영상 노출이 없었어요. 언어가 빠른 아이라서 이후부터는 10분 정도 영상을 보여줬어요. 올레티비나 키즈랜드에서 주로 짧은 노래 영상을 틀어줬는데, 흥이 많은 아이라서 그런지 무척 좋아했어요. 처음에는 한글, 영어를 섞어서 보여주다가 이왕 보는 거 영어 위주로 보여주는 생각이 들어서 영어 영상을 틀어줬고, 아이가 좋아하는 영어 영상이 생기고부터는 영어만 보여줬습니다. (어차피 짧게 보여주는 거라서요.) 아이가 좋아하는 영상을 살펴보니 실제 사람이 나와서 율동과 노래를 하는 걸 좋아하는 것 같았어요. 그렇게 두 달쯤 지나니까 아이가 따라 하는 노래들이 생기고, 그 노래를 즐겨 불렀습니다.

어느 날, 아이와 같은 또래가 있는 지인과 이야기를 하던 중 영어 전집에 대해서 알게 되었어요. 처음에 가격대를 보고 놀랐어요. '뭐가 특별하길래 이렇게 비쌀까'라는 궁금증 때문에 더 검색해봤고, 잉글리시에그를 비롯 다양한 영어 전집을 알게 되었어요. 제가 어렸을 때도 있었던 교재도 있었고 다른 교재도 많았어요.

전집들의 다양한 비교 글들과 댓글 후기를 보면서 우리 아이 성향에 잘 맞는 건 어떤 책일지 고민했어요. 앞서 언급했던 것처럼 아이는 흥이 많고 사람을 좋아해서 이런 걸 충족해주는 교재를 찾고 싶었어요. 이때는 우선 한 번 콘텐츠에 노출해 주고 싶은 마음이 들었어요. 중고로 들이거나 새걸로 구매할까 고민했어요. 과연 큰 돈을 들일만한 가치가 있는지 확신이 없었으니까요.

그래서 우선 무료 영상을 신청해 아기에게 보여줬고, 상담 신청도 했어요. (하지만 아기에게 영상을 보여줬을 때 다 별 반응이 없었어요) 센터가 있는 잉글리시에그에 신청해 제일 처음 수업을 받고 상담을 했는데, 아이가 수업이 재미있었다고 말하면서 흥미를 보여서 바로 이거다 싶었습니다. 또한, 액터샘이 잘 가르치는 분인 것 같기도 했고요. 그래서 전 잉글리시에그 콘텐츠가 흥이 있는 우리 아이의 성향에 맞고, 센터에서 연계해 수업을 할 수 있다는 점이 적합하다고 판단해 정품으로 선택을 하였답니다.

우리 아이 영어,
이렇게 시작했어요

아이에게 영어를 자연스럽게 접하게 해주고 싶었어요.
영어를 공부가 아닌 놀이로 스며들게 하고 싶었어요.

아이에게 영어를 자연스럽게 접하게 해주고 싶었어요~. 영어를 공부가 아닌 놀이로 스며들게 하고 싶었는데 잉글리시에그가 딱이었어요~.

아이가 5살 때 아이 친구 엄마의 소개로 잉글리시에그를 알게 되었어요. 영어를 공부가 아닌 놀이로 자연스럽게 스며들게 하고자 한 저의 니즈에는 부합했는데, 가격이 높고 마침 이사 때가 되어서 조금 더 생각해 보기로 했어요. 이사 후 아이가 6살이 되어서 영어유치원도 알아보았어요~ 그러다 다시 '잉글리시에그가 답이다'라는 결론 내리고 센터 체험 수업을 해봤는데 아이가 너무나 좋아하고 강력하게 원했어요. 바로 통합팩으로 구매하고 수업도 시작하였어요.

꾸준하게 잉글리시에그로 영어를 노출하고 수업 들어서 9살이 된 지금, **영어책도 잘 읽고 영어 영상도 잘 보는 아이가 되었습니다^^**

영어를 받아들이는 아이가 '영어가 재밌다, 즐겁다'라는
인식을 가질 수 있는 방법을 생각했어요.
학습적인 부분은 나중 문제라고 판단했고, 상황을 통해
영어를 언어로써 습득하길 바랐습니다.

영어를 받아들이는 아이가 '영어가 재밌다, 즐겁다'라는 인식을 가질 수 있는 방법을 생각했어요. 학습적인 부분은 나중 문제라고 판단했고, 상황을 통해 영어를 언어로써 습득하길 바랐습니다.

유아교육전, 베이비페어 등을 다니며 국내 출판사의 영유아 라인 샘플을 다 모았어요. 그리고 아이에게 노출하며 반응을 살폈죠. 당시 잉글리시에그에서 받은 샘플 DVD에 Step1 <Who's Tickling Me?>가 있었는데, 아이가 그 DVD에 반응이 가장 폭발적이었어요. 바로 'Tickle Tickle'하며 따라하기도 했고요. (타 출판사 샘플은 아이가 끝까지 집중해서 보지를 못했어요)

더군다나 CD만 틀어줘도 아이는 바로 어떤 상황인지 이해하고 영상을 통해 봤던 행동들을 보여주기도 했어요. 읽어달라며 샘플 책을 찾아 꺼내오는 모습까지, 덕분에 고민 없이 잉글리시에그를 선택하게 되었습니다.

우리 아이 영어,
이렇게 시작했어요

엄마와 아빠 모두 영어를 사용하고 있지만
유창함에 대한 부담감이 있었어요. 우리 아이는 그런
어려움이 없으면 좋겠다 싶었어요.

엄마와 아빠 모두 영어를 사용하고 있지만 유창함에 대한 부담감이 있었어요. 우리 아이는 그런 어려움이 없으면 좋겠다 싶어서 일찍 영어를 시작하기로 결정했습니다.

우연히 유플러스TV에 잉글리시에그 영상들이 올라와 있다는 것을 알고 28개월 이후부터 슬슬 노출해 주었는데 노래를 외워서 부르는 모습을 목격하고 이대로 두면 안되겠다 싶었어요. 처음에는 3살밖에 안 된 아이가 센터에 일주일에 한 번 가는 게 무슨 의미가 있을까 싶었지만, 그마저도 할 수 있는 곳이 거의 없다는 것을 알게 되었어요.

인터넷과 센터를 다니는 지인들의 후기를 적극적으로 참조해서 잉글리시에그를 결정하게 되었습니다. 영상과 책을 함께 보여주고 별것 아닌 일상생활에서도 함께 영어로 말해 주니 아이가 너무 즐거워합니다. 대만족입니다.

어디서 어떻게 시작해야 할지가 가장 고민이었죠.

어디서 어떻게 시작해야 할지가 가장 고민이었죠. 잉글리시에그 샘플 CD를 받아서 틀어줬는데, 그걸 보고 첫째가 너무너무 좋아하는 거예요. 어차피 영상 노출하는 거라면 이왕이면 영어로 또 이왕이면 퀄리티 높은 잉글리시에그를 보여주자는 생각을 했고, 양육비 모아둔 걸 올인해서 올 스텝 다 들였네요. 지금 그 첫째가 9살 둘째가 7살 그리고 막내는 3살인데 아직도 질려하지 않고 잘 보고 있답니다^^

외국인을 만나면 "Hi"조차도 못하는, 뼛속까지 경상도 엄마는 영어 발음에서도 경상도 사투리가 묻어나와요. 엄마 닮아 내 새끼도 영어 못하면 어떡하나 싶었죠.

외국인을 만나면 "Hi"조차도 못하는, 뼛속까지 경상도 엄마는 영어 발음에서도 경상도 사투리가 묻어나와요. 전 영어를 못 해서 항상 속상했어요. 엄마 닮아 내 새끼도 영어 못하면 어떡하나 싶었죠. 유아 영어에 관심이 하나도 없었을 때 우연히 듣게 된 잉글리시에그 샘플 CD. 샘플 곡을 듣고 혼자 흥얼거리다 계속 입가에서 맴도는 잉글리시에그 노래들^^ 영어 못하는 엄마지만 내 새끼는 영어랑 친구하게 해줘야지 싶어서 잉글리시에그를 선택하게 되었어요. **잉글리시에그와 함께라면 적어도 영어랑 담을 쌓지도, 영어를 싫어하지도 않을 거 같아서요.** 아이 아빠도 잉글리시에그 CD를 같이 들어보고 흔쾌히 구매에 동의해주었어요^^

우리 아이 첫 영어 어떻게 시작하지?

한국식 영어에서 벗어나 제대로 쉽게 배우는 방법

초판 1쇄 발행 2021년 8월 27일
저자 잉글리시에그
발행처 이야기나무
발행/편집인 김상아
기획/편집 선민정, 윤정연, 정지현
마케팅 장원석, 이정화, 전유진
디자인 루돌프 스튜디오
인쇄 미래상상

등록번호 제25100-2011-304호
등록일자 2011년 10월 20일
주소 서울시 마포구 연남로 13길 1 레이즈빌딩 5층
전화 02-3142-0588
팩스 02-334-1588
이메일 book@bombaram.net
블로그 blog.naver.com/yiyaginamu
인스타그램 @yiyaginamu_
페이스북 www.facebook.com/yiyaginamu

ISBN 979-11-85860-53-4
값 15,000원

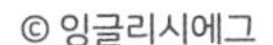